Contacto lingüístico en Venezuela

AMERICA ROMANA X

STUDIEN ZU SPRACHEN, LITERATUREN UND
KULTUREN DER ROMANISCHEN LÄNDER AMERIKAS

Herausgegeben von Christine Felbeck,
Andre Klump und Johannes Kramer

PETER LANG

Julia Kuhn
Rafael Eduardo Matos

Contacto lingüístico en Venezuela

Interacción del español con la lengua indígena pemón, vitalidad y uso

PETER LANG

Bibliographic Information published by the Deutsche Nationalbibliothek
The Deutsche Nationalbibliothek lists this publication in the Deutsche
Nationalbibliografie; detailed bibliographic data is available in the internet at
http://dnb.d-nb.de.

Der Druck dieser Monographie wurde finanziell unterstützt durch die
Ernst-Abbe-Stiftung, Forstweg 31, 07745 Jena.

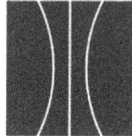

Ernst Abbe
Stiftung

Cover illustration: © Rafael Eduardo Matos

ISSN 2194-4938
ISBN 978-3-631-77256-0 (Print) · E-ISBN 978-3-631-82915-8 (E-PDF)
E-ISBN 978-3-631-82916-5 (EPUB) · E-ISBN 978-3-631-82917-2 (MOBI)
DOI 10.3726/b17267

This publication has been peer reviewed.

www.peterlang.com

Los autores desean expresar su más sincero agradecimiento al pueblo pemón por su gran sentido de la acogida y su espléndida hospitalidad;

en especial, agradecemos a las capitanas y a los capitanes de las diferentes comunidades visitadas, así como a los miembros de las respectivas asambleas comunitarias, por brindarnos su confianza y permitirnos desarrollar la investigación en busca de una mejor comprensión del comportamiento lingüístico de sus habitantes;

y, muy particularmente, queremos agradecer al Lic. Euro Martínez, quien con gran generosidad y entusiasmo nos recibió y condujo entre las maravillosas poblaciones del pueblo pemón, gracias a su apoyo fue posible la realización del presente trabajo.

Contenido

1 Introducción 11

  1.1 Estado actual de la investigación y factores de la vitalidad de una lengua 14

  1.2 Trasfondo teórico 15

  1.3 La presente publicación 19

2 Pueblos indígenas en Venezuela 21

  2.1 Lenguas indígenas en Venezuela 24

  2.2 Marco legal de las lenguas indígenas 30

3 Los pemón 39

  3.1 Ecosistema 41

  3.2 Historia 41

  3.3 Demografía 44

  3.4 Lengua 47

  3.5 Las comunidades del estudio 50

    3.5.1 Chirikayén 51

    3.5.2 Manak-Krü 52

    3.5.3 Maurak 52

    3.5.4 Paraitepuy de Roraima 53

    3.5.5 San Antonio del Morichal 54

    3.5.6 San Ignacio de Yuruaní 54

    3.5.7 Santo Domingo de Turacén 55

    3.5.8 San José de Wará 55

    3.5.9 Waramasén 56

4 Metodología 57

5 Resultados 61

5.1 Características de la muestra 61

5.2 Resultados cuantitativos 65

    5.2.1 Competencia lingüística 65

        5.2.1.1 Competencia lingüística por comunidad 66

        5.2.1.2 Competencia lingüística por grupos de edad 68

        5.2.1.3 Competencia lingüística por género 76

    5.2.2 Bilingüismo 86

        5.2.2.1 *Bilingüismo por* comunidad 87

        5.2.2.2 Bilingüismo por grupos de edad 89

        5.2.2.3 Bilingüismo por género 89

    5.2.3 Lengua de uso en el hogar 90

        5.2.3.1 Lengua de uso en el hogar por comunidad 91

        5.2.3.2 Lengua de uso en el hogar por grupos de edad 97

        5.2.3.3 Lengua de uso en el hogar por género 100

    5.2.4 Lengua de uso según dominios 101

        5.2.4.1 Lengua de uso según dominios por comunidad ... 102

        5.2.4.2 Lengua de uso según dominios por grupos de edad 108

        5.2.4.3 Lengua de uso según dominios por género 112

5.3 Resultados cualitativos 114

    5.3.1 Utilización de la lengua indígena en los medios de comunicación 114

    5.3.2 Transmisión intergeneracional de la lengua 116

    5.3.3 Importancia de la lengua indígena 117

    5.3.4 La lengua indígena en el contexto escolar 119

    5.3.5 Sentimiento de vergüenza lingüística 120

    5.3.6 Futuro de la lengua indígena 122

    5.3.7 Percepción externa de la lengua indígena 124

6 Discusión de los resultados 127

7 **Conclusión** 133

Anexo. Cuestionario 135

Índice de figuras 137

Índice de tablas 139

Índice de gráficos 141

Bibliografía 143

1 Introducción

Se estima que hoy en día se hablan unas 6000 lenguas en el mundo, la mayoría de ellas son lenguas indígenas. Es por ello que la Asamblea General de las Naciones Unidas, bajo la coordinación de la UNESCO, proclamó el 2019 como Año Internacional de las Lenguas Indígenas. En la nota de prensa, se señala que "el objetivo de la iniciativa es sensibilizar a la opinión pública sobre los riesgos a los que se enfrentan estas lenguas y su valor como vehículos de la cultura, los sistemas de conocimiento y los modos de vida"[1].

Así, la preservación de las lenguas indígenas es un tema de gran actualidad. Como acertadamente lo señala el grupo especial de expertos sobre las lenguas en peligro convocado por la Sección del patrimonio cultural inmaterial de la UNESCO, "la diversidad lingüística es esencial en el patrimonio de la humanidad. Cada lengua encarna la sabiduría cultural única de un pueblo. Por consiguiente, la pérdida de cualquier lengua es una pérdida para toda la humanidad." (UNESCO 2003, pág. 1).

Según este grupo de expertos, una lengua está en peligro "cuando sus hablantes dejan de utilizarla, cuando la usan en un número cada vez más reducido de ámbitos de comunicación y cuando dejan de transmitirla de una generación a la siguiente. Es decir, cuando no hay nuevos hablantes, ni adultos ni niños" (UNESCO 2003, pág. 2). Y una lengua en peligro puede extinguirse y ante esto, si no está documentada, puede desaparecer para siempre.

La desaparición de una lengua no solo representa la pérdida de un conjunto de signos y símbolos lingüísticos que resultan importantes únicamente a académicos y especialistas. Al ser las lenguas producto de la experiencia humana, dicha pérdida va mucho más allá: "la extinción de una lengua significa la pérdida irrecuperable de saberes únicos, culturales, históricos y ecológicos." (UNESCO 2003, pág. 2).

Bernard (1992), partiendo del hecho de que la cultura ha sido la causa del éxito adaptativo de la especie humana, considera que la cultura implica ideas, así como la transmisión y comunicación de esas ideas a través del lenguaje. Por ello, cualquier disminución de la diversidad lingüística significa, igualmente, la reducción del conjunto de conocimientos disponibles, lo que implica una

---

1 UNESCO (25 de enero 2019). Presentación del Año Internacional de las Lenguas Indígenas 2019. Recuperado de https://es.unesco.org/news/presentacion-del-ano-internacional-lenguas-indigenas-2019

disminución en la capacidad de adaptación de la especie humana (Bernard 1992, pág. 82).

A partir de los años 1990 emergió un nuevo campo de investigación y de trabajos aplicados llamado "diversidad biocultural" (*biocultural diversity*), que es la forma actual y reducida de "diversidad biológica, cultural y lingüística" (*biological, cultural, and linguistic diversity*). Este abordaje destaca el rol del lenguaje como vehículo para comunicar y transmitir valores culturales, así como conocimientos y prácticas tradicionales y, de este modo, mediar en las interacciones entre el ser humano y su medio ambiente y sus mutuas adaptaciones (Maffi 2007, pág. 269).

Maffi (2007) señala que la diversidad biocultural comprende la diversidad de la vida en todas sus manifestaciones: biológica, cultural y lingüística, las cuales están interrelacionadas (y posiblemente co-evolucionado) dentro de un complejo sistema adaptativo socio-ecológico. De esta definición, prosigue esta autora, se desprenden tres elementos clave: 1) la diversidad de la vida, además de las especies de plantas y animales, los hábitats y los ecosistemas, también incluye la diversidad de las culturas humanas y las lenguas; 2) estas diversidades interactúan entre sí y se afectan mutuamente de una manera compleja; y, 3) los vínculos entre estas diversidades se han desarrollado con el tiempo por medio de una adaptación mutua entre los humanos y el medio ambiente a nivel local, posiblemente de naturaleza coevolutiva (Maffi 2007, pág. 269).

De este modo, una lengua está estrechamente vinculada tanto con la cultura como con el medio ambiente. Por ello, un fenómeno como la baja vitalidad o, en el caso extremo, la desaparición de una lengua repercute directamente no solo sobre los grupos humanos sino también sobre los ecosistemas, los hábitats y la biodiversidad.

Una de las líneas de trabajo que se han desarrollado en la diversidad biocultural tiene que ver con el conocimiento medioambiental tradicional (*traditional environmental knowledge*, TEK). Estos trabajos, realizados a nivel local, buscan comprender los vínculos causales entre el medio ambiente, los valores culturales, las instituciones, los sistemas de conocimiento, las prácticas y el lenguaje, así como los cambios que afectan la persistencia o cambios de estos vínculos. Este conocimiento medioambiental tradicional tiene un valor para el bienestar y la subsistencia de las comunidades, el uso sostenible de los recursos, la conservación medioambiental y el análisis y monitoreo de los cambios a largo plazo (Maffi y Woodley 2010, pág. 9).

Aunque en este trabajo no se profundizará en la relación entre lengua, cultura y medio ambiente, resulta interesante comentar, a modo de ejemplo, un par de trabajos realizados en Venezuela en los que se muestran las implicaciones de este tipo de relaciones.

El primer ejemplo es el trabajo de Zent (2001) quien trabajó con el grupo indígena piaroa, ubicado en los estados venezolanos Amazonas y Bolívar. Antes de los años 1960, los piaroa habitaban en zonas aguas arriba entre los ríos del Amazonas, con pocos contactos con otros grupos. Por una combinación de muchos factores, entre los años 1960 y 1980, la mayoría de los piaroa migró voluntariamente aguas abajo, a las orillas de los ríos Orinoco y Ventuari, hacia zonas "de contacto interétnico". Como consecuencia de este desplazamiento se generó un gran número de cambios socioculturales y ecológicos. Los piaroa se hicieron sedentarios y se agruparon en núcleos más grandes, además de cambiar su tradicional economía subsistencia basada en la agricultura y los intercambios ocasionales (Zent 2001, pág. 192–194). En su investigación, Zent encontró que, como consecuencia del cambio cultural, los más jóvenes (menores de 30 años) tenían un menor conocimiento etnobotánico, es decir, una menor capacidad de nombrar plantas y de describir cómo se utilizaban. Al encontrar una correlación negativa entre el bilingüismo y los años de escolaridad y el conocimiento etnobotánico, el autor concluye que "formas de conocimiento y actividades intrusas están compitiendo con y en detrimento del aprendizaje del conocimiento medioambiental tradicional" (Zent 2001, pág. 209).

El segundo ejemplo es el caso del manejo del fuego de la vegetación en la Gran Sabana, la región donde se ha desarrollado este estudio, por parte de los indígenas pemón. Rodríguez (2004, 2007) describió el conflicto en el Parque Nacional Canaima entre los pemón y los gestores del parque a propósito del uso del fuego. Por más de 30 años se establecieron severas políticas de control del fuego, particularmente en la sabana, basadas en que el fuego era el origen de la reducción gradual de los bosques. Pero para los pemón, para los mayores principalmente, la visión de la situación era diferente: "según explican los abuelos, además del papel del fuego en la prevención de incendios de gran escala, éste es central en la identidad cultural pemón." (Rodríguez 2004, pág. 128). De allí el conflicto, porque estos se negaban a reducir las quemas a pesar de las prohibiciones. Así el conocimiento medioambiental tradicional se encontraba en contradicción con la creencia general que responsabilizaba a los pemón por la reducción de los bosques a causa del fuego. Sin embargo, estudios recientes muestran que, si bien las políticas de supresión de fuego eran justificadas, el fuego no es la única causa de la reducción de los bosques. Aún más, que las prácticas de quema utilizadas por los pemón puede servir de cortafuego en caso de grandes incendios y, además, favorecer la heterogeneidad espacial y la biodiversidad, ayudando a conservar las transiciones sabana-bosque (Bilbao et al. 2010, pág. 671). Esto resalta la importancia de establecer puentes de diálogo para el intercambio de los distintos saberes en el manejo de los problemas culturales y ecológicos (a propósito de esta caso, ver Rodríguez et al. 2016).

1.1 Estado actual de la investigación y factores de la vitalidad de una lengua

El desplazamiento, la sustitución, la pérdida o la muerte de una lengua (*language shift, language displacement, language death*) se convirtieron en un sujeto de investigación intensamente examinado desde la obra "Languages in Contact" de Weinreich (1953). Los estudios estructurales iniciales sobre el desplazamiento de lenguas fueron poco a poco reemplazados por una perspectiva eco-lingüística, en la que el foco era la enseñanza del idioma a la nueva generación (Hill 1983; Zimmermann 1992). Entretanto, existe un gran número de estudios y publicaciones con el tema del plurilingüismo y la educación.[2]

En cuanto a las situaciones en las que coexisten más de una lengua, Fishman (1991) advierte la influencia de la política idiomática. El conocimiento detallado de la realidad lingüística es un punto fundamental para que una futura planificación lingüística pueda ser exitosa (Zimmermann 1999, pág. 98). Según lo señalado por Kaplan y Baldauf (1997, pág. 106) una planificación lingüística eficiente debe consistir en cinco pasos: 1) la investigación de la situación actual del idioma; 2) la información detallada sobre los resultados de sólidas investigaciones sociolingüísticas; 3) decisiones sobre los procesos de planificación; 4) la planificación de los pasos necesarios para alcanzar la situación deseada; 5) la ejecución de la misma (con evaluación de los resultados al mismo tiempo para corregir el plan vigente si es necesario). Los políticos comienzan con frecuencia con el paso 3, por lo que sus decisiones carecen de un buen conocimiento de la situación actual del idioma y además de una base empírica y del conocimiento de los conceptos básicos. Para subsanar esta carencia en la zona analizada, el presente trabajo contribuye al conocimiento de la situación actual del idioma y de la situación sociolingüística.

---

2   La literatura sobre el tema es muy amplia, por eso solo se puede ofrecer una selección de títulos. Como publicaciones fundamentales, se remite a: Gal 1979, Dorian 1982, 1994, Edwards; Edwards 1985; 2011, Bourhis 2008a, 2008b, Giles 1977, Grenoble y Whaley 1998, McConnell 1991, Crystal 2000, Calvet 1987, Hagège 2000, Zimmermann 1992, Fishman 1991, Kloss 1966, Mühlhäusler 1996, Mackey 2001, Sercombe 2002, Romaine 1989, 1994; García 2009.

El estudio detallado de la complejidad de una situación sociolingüística es esencial (Haugen 1985). Un grupo económicamente más débil tiene una desventaja lingüística y una baja categoría social, lo que tiene un efecto negativo en el atractivo y la frecuencia de uso de una lengua (Wurn 2000, pág. 29). El abandono de una lengua minoritaria en beneficio de una lengua mayoritaria es un proceso lento y continuo que puede resultar en la extinción de la lengua minoritaria (Knab 1980; Hill y Hill 1999). Este proceso puede ser causado por el abandono consciente de la lengua por los hablantes (Zimmermann 1999), lo cual está influido por el entorno lingüístico y por las presiones sociales (Hagège 2000, pág. 108).

Los objetivos de una planificación lingüística exitosa no se pueden conseguir completamente si no se han tomado en consideración los parámetros de la situación actual del idioma (Kaplan y Baldauf 1997; Spolsky 2004). Es pues importante disponer de conocimientos de la vitalidad de la lengua[3].

La UNESCO (2003) señala un conjunto de 6 factores a considerar para evaluar la vitalidad de una lengua: "1) Transmisión intergeneracional de la lengua; 2) Número absoluto de hablantes; 3) Proporción de hablantes en el conjunto de la población; 4) Cambios en los ámbitos de utilización de la lengua; 5) Respuesta a los nuevos ámbitos y medios; y 6) Disponibilidad de materiales para el aprendizaje y la enseñanza de la lengua." (UNESCO 2003, pág. 6). Además, se mencionan otros tres factores adicionales, hay que evaluar las actitudes y políticas de los gobiernos y las instituciones hacia las lenguas, incluyendo el rango oficial y su uso. Igualmente, las actitudes de los miembros de la comunidad hacia su propia lengua. En cuanto a estos dos puntos anteriores, es igualmente relevante el conocer la interacción de la política gubernamental y las presiones sociales para generar un empleo creciente o decreciente de la lengua en los distintos ámbitos. Y, finalmente, es importante conocer el tipo y la calidad de la documentación sobre la lengua, lo que incluye textos escritos y registros audiovisuales transcritos, traducidos y anotados del habla natural.

1.2 Trasfondo teórico

Una parte del marco teórico conceptual de nuestro trabajo es un modelo de métodos socio-ecológicos: el *modelo de ecología de presiones* (Terborg 2006). Este modelo permite, en un contexto multilingüe, la identificación de factores

---

3   Algunas de las propuestas para conocer la vitalidad de una lengua la encontramos, entre otros, en Bourhis et al. 2007, Edwards 2011, Grenoble y Whaley 1998 y Fishman 1991.

que influyen en un individuo, o en un grupo de hablantes, y determinan la escogencia y el uso que hace de las lenguas.

El modelo de Terborg (2006) analiza de qué modo se ejercen presiones a favor de una u otra lengua, en una sociedad multilingüe. En el caso de Venezuela, cómo la lengua nacional, el español, presiona o desplaza a las lenguas indígenas, porque existe un desequilibrio en la ecología de las lenguas.

El modelo de ecología de presiones explica las razones de cómo las presiones, que también pueden entrar en conflicto, pueden influir en el equilibrio de las lenguas. De esta interacción de presiones puede resultar el mantenimiento o el desplazamiento de la lengua indígena. El modelo sirve para el análisis de datos cuantitativos y cualitativos y hace posible la identificación y clasificación de las presiones que causan el mantenimiento y desplazamiento de una lengua. Los elementos centrales del modelo de ecología de presiones son: las necesidades, los intereses, las presiones, la intención, la acción, la competencia, la facilidad compartida y las ideologías.

Terborg (2006) considera que la *acción* humana siempre es el producto de alguna *presión*; toda acción humana se origina en alguna presión. Cuando una acción no se concretiza entonces queda limitada a la *intención*. El *interés* en algo, es lo que hace que una persona se sienta presionada. El interés es una condición fundamental para que la presión pueda emerger. La *facilidad compartida* es un sistema de comunicación eficaz, de uso frecuente y que permite la mayor facilidad en la interacción lingüística. No depende necesariamente del uso correcto de las reglas gramaticales. Las *necesidades* son los elementos imprescindibles para el desarrollo de la vida humana: comer, vestir, dormir, trabajar. La *ideología* está compuesta de elementos no observables de manera directa, que representan juicios morales y estéticos de un determinado grupo social. Las ideologías se constituyen de valores, creencias, opiniones y representaciones sociales compartidas por los miembros de un grupo social. Las ideologías permiten a las personas organizar la multitud de creencias sociales acerca de lo que sucede según ellos, bueno o malo, correcto o incorrecto, además de actuar en consecuencia. El conglomerado de creencias vendría a ser las actitudes.

Al estar en contacto con una lengua mayoritaria, los hablantes de una lengua minoritaria se sienten expuestos a presiones de diferente tipo que los fuerzan a usar una u otra de estas dos lenguas. Las presiones determinan: 1) la actitud de los hablantes hacia la lengua minoritaria, 2) la transmisión de la lengua a la próxima generación y 3) el uso de la lengua en diferentes ámbitos. Las presiones se basan, además, en los intereses de los hablantes que, a su vez, se basan en valores e ideologías (ideologías/valores → intereses → presiones).

Las presiones pueden armonizarse o hallarse en conflicto y en desequilibrio. En este último caso, emergen relaciones de poder. La relación entre las presiones y el poder forma parte de la base del modelo de ecología de presiones según Terborg (2004, 2006; Terborg y García Landa 2011). El poder se entiende siempre como una relación entre grupos, que puede ser constructiva o no serlo. El abuso del poder y la desigualdad involuntaria entre dos grupos difieren de los principios éticos. Van Dijk (1999) distingue entre poder (constructivo) y dominación (destructivo) como posibles formas de relaciones entre grupos.

Las presiones resultan en acciones que pueden, a su vez, influenciar el estado actual del mundo (presiones → acciones → estado del mundo). Múltiples presiones pueden actuar al mismo tiempo sin afectarse entre sí, pero también pueden entrar en conflicto. Este hecho constituye la base de la ecología de presiones. Como se ha mencionado anteriormente, de las presiones en conflicto resulta el poder como tipo específico de relaciones entre grupos: un grupo A puede controlar a un grupo B que es menos libre y que, a menudo, tiene que actuar en contra de sus intereses. El grupo A puede cambiar el estado del mundo según su voluntad. Van Dijk (1999) identifica este fenómeno en las relaciones de poder que tienen que ver con el poder de etnicidades, razas, posición social, etcétera.

La ecología de presiones no es estable, sino que está en continuo movimiento y cada acción influencia el estado del mundo. En situaciones de contacto pueden aumentar las presiones sobre un grupo social (dominado). Dichas presiones son determinadas por intereses y estos se pueden reconocer, a su vez, en las acciones resultantes. Existen diferentes tipos de interés: intereses personales e intereses comunes. Mientras que los intereses personales dependen del cuerpo humano, los intereses comunes dependen de las ideologías. Estos dos tipos de intereses pueden causar los conflictos de presiones mencionados anteriormente, los cuales se clasifican en internos o externos (intereses → presiones —en conflicto— → acción). Las presiones en conflicto resultan en acciones que, a su vez, influencian el estado del mundo (intereses → presiones —en conflicto— → acción → estado del mundo). La acción también puede ser comunicación (Clark 1996); así que el uso de la lengua en la comunicación puede ser acción (compartida o coordinada) e influenciar, de esta manera, el estado del mundo, el cual existe fuera e independientemente de la mente humana.

Otro aspecto central del modelo de ecología de presiones, según Terborg (2006), consiste en la facilidad compartida, la cual comprende el conocimiento del lenguaje, así como el conocimiento compartido y automatizado sobre el mundo. La facilidad compartida es un sistema de comunicación eficaz. La comunicación puede tener éxito, pero también puede fracasar debido a la incomprensibilidad de una lengua o a las actitudes (ideologías y valores) de los hablantes.

Según Van Dijk (1999), las ideologías sirven para legitimar el poder y la desigualdad. Si dos lenguas están en conflicto, esto se manifiesta en la interacción cotidiana. La facilidad compartida tiene como fin el éxito comunicativo para alcanzar la/una acción común.

Nuestro planteamiento, utiliza métodos cualitativos y cuantitativos. Los datos cuantitativos[4], que son recolectados mediante la aplicación de encuestas, revelan cifras objetivas que permiten la formulación de conclusiones[5]. En este sentido, Silverman (1993, pág. 60–71) señala la importancia del uso de datos estadísticos para los análisis etnográficos, como ocurre en el método aplicado. La segunda parte, la cualitativa, consiste en un cuestionario con respuestas abiertas que da una imagen precisa de las situaciones y los problemas comunicativos además, muestra dónde tiene que empezar la intervención para prevenir fracasos comunicativos y evitar conflictos lingüísticos.

Adicionalmente, nuestro trabajo es influenciado, entre otros, por la etnografía de la comunicación (*ethnography of comunicación*) (Hymes 1972; Lyons 1970), la cual permite examinar la comunicación tanto lingüística como antropológicamente (Schiffrin 1994, pág. 140). La comunicación, y en particular la lengua, se entienden como acciones. El uso lingüístico nos da información sobre el funcionamiento de una sociedad. El comportamiento del habla se considera como un fenómeno integral condicionado por la cultura (Geertz 1987, pág. 48 y ss.). La base de nuestro planteamiento socio-económico es el *common ground* (Clark 1996) que es el conocimiento común de los hablantes y que considera la competencia lingüística como un fenómeno social. Las diferencias en la competencia lingüística, sobre todo a nivel individual, pueden provocar conflictos, ya que el desequilibrio en la competencia implica relaciones de poder donde

---

4 En este marco de la recolección de datos cuantitativos por medio de encuestas se incluyen, por ejemplo, el grado de bilingüismo, el uso del lenguaje y la mediación entre las generaciones en la familia y la sociedad, el uso del lenguaje en varios dominios, los medios de comunicación, la actitud del hablante, la educación, los fenómenos migratorios y la participación del gobierno.

5 Esta metodología permite, por un lado, el análisis de situaciones de contacto de lenguas y, por otro lado, el análisis de potenciales conflictos lingüísticos. Desde la introducción de la metodología por Roland Terborg, hace más de una década, ya se ha demostrado que da buenos resultados. Esta conclusión la tomamos después de la evaluación de su uso en diversos estudios sobre temas de lenguas en contacto, conflicto lingüístico y sustitución de una lengua indígena. Por ejemplo en: Kuhn y Matos 2014, 2016, 2017; Terborg 2004, 2011; Trujillo Tamez 2007, 2011b, 2011a, 2012; Velázquez Vilchis 2008, 2011; Rico Lemus 2010, 2011, 2015; Sima Lozano 2012.

los que tienen una mejor competencia imponen su dominio sobre los otros. En el caso de las lenguas indígenas, los hispanohablantes fuerzan a los hablantes de estas lenguas a utilizar el español en situaciones de contacto. Aquí se toma inspiración de la CDA (*Critical Discourse Analysis*) en la tradición de Fairclough (1989, 1995), Van Dijk (1999) y otros. Van Dijk (1999) ve el poder social como el control de una parte de la sociedad sobre otra parte. El poder se entiende como una relación específica entre grupos. En este enfoque, el control toma un papel importante, porque determina comportamientos, como en el caso de un grupo que obliga a otro a usar un idioma específico. Van Dijk (1999, pág. 206) señala que esta forma de opresión puede compararse con la explotación colonialista, la opresión socioeconómica, el machismo y el racismo. En tales situaciones de desequilibrio, el grupo más débil se siente presionado a comportarse de modos específicos según ciertos factores. La comunicación, en general, puede cumplir su objetivo y ser exitosa, pero también puede fracasar. El fracaso puede surgir como producto de una baja competencia lingüística, a sistemas de valores diferentes entre los hablantes o a posibles conflictos ideológicos. Según Van Dijk (1999, pág. 178) las ideologías sirven para legitimar relaciones de poder y de desigualdad.

Si en situaciones bilingües sucede permanentemente un fracaso en la comunicación, no solo se debe a problemas a nivel lingüístico, sino también a nivel ideológico. Es decir, para mejorar la comunicación no basta con incrementar la competencia lingüística, sino que es preciso también cambiar las ideas del grupo dominante. La política lingüística debe tener esto en cuenta y no centrarse únicamente en la competencia lingüística. Se puede influir en la ideología a través de una formación específica de los docentes y a través de la representación de la identidad discursiva que reflejan los medios de comunicación.

1.3 La presente publicación

En esta monografía se analiza la situación de contacto lingüístico entre el español y la lengua indígena pemón, en Venezuela. Esta lengua de la familia caribe que es hablada en tres países, concentra la mayor parte de sus hablantes en territorio venezolano. Al ser el español la lengua nacional de este país, la investigación hace énfasis en analizar la vitalidad de la lengua pemón y las diferentes condiciones relativas a su uso. A través de este análisis se busca comprender la situación de contacto entre ambas lenguas.

En el capítulo 2 se presenta un panorama general de los diferentes pueblos indígenas de Venezuela y las lenguas que estos utilizan, comentando, además, el marco legal que encuadra la diversidad lingüística del país. En el capítulo 3 se describe particularmente al pueblo indígena pemón, el ecosistema en el que reside, su historia, su demografía y su lengua, asimismo, se presentan las diferentes comunidades en las que se realizó el trabajo de campo. Luego de detallar la metodología empleada en la investigación en el capítulo 4, se detallan los resultados en el capítulo 5, distinguiendo entre resultados cuantitativos y cualitativos. Considerando tres variables independientes (género, edad y comunidad de origen) se muestran los resultados en competencia lingüística (tanto en español como en la lengua indígena), bilingüismo, lengua de uso en hogar y lengua de uso en diferentes dominios, a lo que le siguen aspectos relacionados con actitudes y creencias. Finalmente, en el capítulo 6, se presenta la discusión de los resultados.

2 Pueblos indígenas en Venezuela

Venezuela se encuentra entre los países americanos con mayor diversidad de grupos indígenas. Sin embargo, es difícil precisar el número exacto de pueblos indígenas que habitan en el país dada la falta de coincidencia entre las cifras mencionadas en los censos nacionales y lo indicado en los textos legales.

El censo indígena de 1982 reportó 27 "grupos étnicos", colocando en una categoría general a aquellos grupos que no predominaran en una comunidad y, al hacerlo, no superaran las 100 personas. El censo de 1992 reportó 38 grupos, 28 que han habitado tradicionalmente en territorio venezolano y 10 que se localizan en países vecinos. En este censo se agregaron pueblos por razones de filiación lingüística y de población escasa. Estos dos censos se limitaron a los 8 estados donde se concentra la mayoría de la población indígena. El censo de 2001 registró 50 pueblos, 41 originarios y 9 foráneos. El último censo de población realizado en 2011 contabilizó 52 pueblos indígenas, 43 originarios y 9 foráneos. La base de la información de los censos de 2001 y 2011 es la auto-identificación de las personas censadas (INE 2015, pág. 35–39).

Son igualmente divergentes los números aportados por los textos legales. La Ley de Demarcación y Garantía del Hábitat y Tierras de los Pueblos Indígenas, promulgada en 2001, enumera 36 pueblos y comunidades:

> *Artículo 14. El Proceso Nacional de Demarcación del hábitat y tierras de los pueblos y comunidades indígenas abarca los pueblos y comunidades hasta ahora identificados: Amazonas: baniva, baré, cubeo, jivi (guajibo), hoti, kurripaco, piapoco, puinave, sáliva, sánemu, wotjuja (piaroa), yanomami, warekena, yabarana, yek'uana, mako, ñengatú (geral); Anzoátegui: kari'ña y cumanagoto; Apure: jivi (guajibo), pumé (yaruro), kuiba; Bolívar: uruak (arutani), akawaio, arawak, eñepá, (panare), hoti, kari'ña, pemón, sape, wotjuja (piaroa), wanai (mapoyo), yek'uana, sánema; Delta Amacuro: warao, Arauco; Monagas: kari'ña, warao, chaima; Sucre: chaima, warao, kari'ña; Trujillo: wayuu; Zulia: añu (paraujano), barí, wayuu (guajiro), yukpa, japrería. Este proceso también incluye los espacios insulares, lacustres, costaneros y cualesquiera otros que los pueblos y comunidades indígenas ocupen ancestral y tradicionalmente, con sujeción a la legislación que regula dichos espacios. (Asamblea Nacional de la República Bolivariana de Venezuela 2001)*

El mismo artículo de esta ley prosigue aclarando que también ampara a aquellos pueblos desconocidos, no mencionados específicamente en la enumeración:

> *La enunciación de los pueblos y comunidades señalados, no implica la negación de los derechos que tengan a demarcar su hábitat y tierras otros pueblos o comunidades, que por razones de desconocimiento no estén identificados en esta Ley. (Asamblea Nacional de la República Bolivariana de Venezuela 2001)*

Por otro lado, la Ley Orgánica de Pueblos y Comunidades Indígenas, de 2005, enumera oficialmente 40 pueblos. En las *Disposiciones Finales* de esta ley se señala:

> *Disposiciones Finales. Los Pueblos Indígenas existentes e identificados son: baniva, baré, cubeo, jivi (guajibo), hoti (hodi), kurripaco, piapoco, puinave, sáliva, sanemá, wotjuja (piaroa), yanomami, warekena, yabarana, yekuana, mako, ñengatú (yeral), kari´ña, cumanagoto, pumé (yaruro), kuiba, uruak (arutani), akawayo, arawako, eñepá (panare), pemón, sape, wanai (mapoyo), warao, chaima, wayuu, añú (paraujano), barí, yukpa, japréria, ayaman, inga, amorua, timoto-cuicas (timotes) y guanono. (Asamblea Nacional de la República Bolivariana de Venezuela 2005)*

Más adelante, en este mismo apartado, al igual que el texto legal mencionado con anterioridad, la ley acota que esta enumeración no es exhaustiva y deja una apertura para reconocer a otros pueblos no mencionados explícitamente:

> *La enunciación de los pueblos indígenas señalados no implica la negación de los derechos y garantías, ni menoscabo de los derechos que tengan otros pueblos indígenas no identificados en la presente Ley. (Asamblea Nacional de la República Bolivariana de Venezuela 2005)*

Desde el punto de vista demográfico, hay que señalar que desde el primer Censo Nacional, en 1873, el Estado venezolano contempló el empadronamiento de la población indígena. A partir de entonces, diversos censos han registrado la evolución de esta población, aunque los datos no puedan ser comparables debido a las diversas metodologías empleadas (Allais 1994, pág. 77).

El primer censo indígena se realizó entre 1982 y 1983. Este censo registró 140.400 individuos, aproximadamente, reunidos en 27 grupos étnicos (Biord Castillo 2010). La definición de indígena fue lingüística, es decir, se consideró indígena a aquellas personas que hablaban o que habían hablado en su infancia una lengua indígena o, en su defecto, que su madre o su abuela la hablaran o que lo hubieran hecho en su infancia.

A partir del censo de 1992, se han utilizado definiciones y criterios claros que permiten comparaciones entre los resultados demográficos obtenidos. Para considerar a la población indígena, el criterio utilizado desde entonces ha sido la auto-identificación. En 1992 el censo indígena se realizó solo en las zonas de ocupación tradicional y a partir del 2001 se ha considerado todo el territorio del país (INE 2013a).

Los censos más recientes, aquellos realizados a partir de 1982 (que son los únicos comparables entre sí, dada la metodología aplicada), muestran un crecimiento de la población indígena con respecto al total de la población de Venezuela. El gráfico 1 resume esta evolución en los diferentes censos realizados en el país. En este gráfico se observa cómo la proporción de la población indígena casi se triplicó en menos de 30 años, pasando de 1,0%, en el censo de 1982, a 2,7%, en el censo de 2011[6]. Entre estos censos, el aumento de la población indígena representa: 125,5% entre 1982 y 1992, 61,9% entre 1992 y 2001 y 41,7% entre 2001 y 2011 (INE 2013b).

Así, el censo de 1982 registró 140.040 indígenas, población que representaba el 1,0% de la población total del país para ese entonces. El censo de 1992 registró 315.815 indígenas que representaban 1,7% de la población total. Por su parte, el censo de 2001 registró 511.341 indígenas, que representaban 2,2% de la población total del país. Finalmente, el censo más reciente, de 2011, registró 724.592 indígenas, que representaban 2,7% de la población total de Venezuela (INE 2013b).

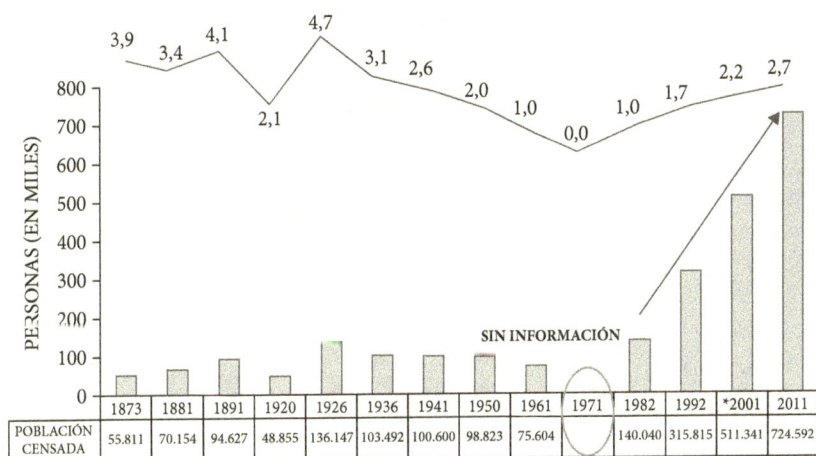

	1873	1881	1891	1920	1926	1936	1941	1950	1961	1971	1982	1992	*2001	2011
POBLACIÓN CENSADA	55.811	70.154	94.627	48.855	136.147	103.492	100.600	98.823	75.604		140.040	315.815	511.341	724.592

Gráfico 1: Población indígena y su porcentaje sobre el total de población de Venezuela. Censos del 1873 al 2011. Tomado de INE (2013b, pág. 3)

Hay que destacar que en el censo de 2011 se registró que 63,2% de la población indígena habitaba en zonas urbanas, es decir en centros poblados por 2500 habitantes o más. Sin embargo, aunque esta población estaba distribuida a lo largo de todo el territorio del país, incluyendo zonas urbanas y zonas rurales diferentes de los asentamientos tradicionales o comunidades

---

6 Como se señala en el gráfico, en el año 1971 no se realizaron registros de la población indígena.

indígenas, la población se agrupaba en algunas pocas regiones. Este censo registró que 89,6% de la población indígena se encontraba concentrada en solo cinco estados: Zulia (61,2%), Amazonas (10,5%), Bolívar (7,5%), Delta Amacuro (5,7%) y Anzoátegui (4,7%). Si se consideran las tres entidades siguientes en la lista, el nivel de concentración alcanza 96,8%: Sucre (3,1%), Monagas (2,5%) y Apure (1,6%) (INE 2013b).

Además de la concentración en el espacio geográfico, también se encontró que la mayor parte de la población pertenecía a pocos grupos indígenas. Si se ordenan estos grupos según el número su población en orden descendente, se observa que el 75,9% pertenece a los primeros cinco grupos (wayuu, warao, kariña, pemón y jivi/guajibo/sikwani, en orden de aparición). Si se extiende la observación a los primeros doce grupos indígenas, el porcentaje de la población alcanza 90,3% (los ya mencionados más kumanagoto, añú/paraujano, piaroa, chaima, yukpa, yanomami y yaruro/pumé) (INE 2013b).

Prosiguiendo con la información de este censo de 2011, se encontró que la proporción de alfabetismo en la población indígena alcanzó 78,98%, subiendo esta proporción hasta 87,65% en el grupo de edad de 10 a 24 años. En comparación, el nivel de alfabetismo de la población general fue de 95,1%. Si se considera la asistencia a algún centro educativo también se observaron importantes diferencias con respecto a la población general. Por ejemplo, en el grupo de edades con menor diferencia, 83,77% de los indígenas de 7 a 12 años estaba escolarizado, frente 95,35% de la población general; y en el grupo de mayor diferencia, el de 18 a 24 años, solo 9,36% de los indígenas estaba escolarizado, frente al 44,39% de la población total (INE 2013b).

Adicionalmente, los datos de este censo de 2011 registraron que el 65% de la población indígena hablaba la lengua de su pueblo, una reducción del 4,8% con respecto al censo del 2001. Entre quienes sí utilizaban su lengua, 10.2% solo hablaban esta lengua, 33.1% solo hablaban castellano y, 54.1% hablaban castellano y la lengua indígena (INE 2013b).

2.1 Lenguas indígenas en Venezuela

La misma dificultad que se presenta al tratar de precisar el número de pueblos indígenas se encuentra al intentar señalar el número exacto de lenguas indígenas que se hablan en Venezuela. Diversas fuentes indican cifras diferentes. En la versión impresa del atlas de la UNESCO, Adelaar (2010) señala que "en Venezuela perviven actualmente alrededor de 30 lenguas indígenas", acotando que hay lenguas en vías de desaparición y lenguas extintas. En la versión en internet del mismo atlas[7], se enumeran precisamente 34 lenguas, con diversos niveles de vitalidad, pero ninguna extinta. En la página *Ethnologue*[8] (Eberhard et al. 2019) se enumeran 37 lenguas indígenas, en un país con un total de 48 lenguas, incluyendo 6 lenguas extintas.

Considerando el punto de vista legal, la legislación venezolana es bastante precisa al respecto. La Ley de Lenguas Indígenas señala que, además del español, son oficiales 39 lenguas indígenas:

> *Artículo 4. Son idiomas oficiales de la República Bolivariana de Venezuela, el idioma castellano y los idiomas de los pueblos indígenas siguientes: kapón (akawayo), amorúa, añu, aruako (lokono), ayamán, baniva (baniwa), baré (báre), barí, chaima, kubeo, kumanagoto, e´ñepá, jodi (jodü), jivi (jiwi), japreria, kari´ña, kurripako, kuiva, mako, makushi, ñengatú (jeral), pemón (kamarakoto, arekuna, taurepan), chase (piapoko), puinave, pumé, sáliva, sanemá, sapé, timote, uruak (arutani), wotjüja (piaroa), mopuoy (mapoyo), warekena, warao, wayuu, yanomami, yavarana (yawarana), ye´kuana (dhe´kuana) y yukpa. (Asamblea Nacional de la República Bolivariana de Venezuela 2008).*

Para presentar el más preciso panorama posible, en este aparte se seguirá el trabajo de Crevels (2012) quien indica la presencia de 42 lenguas indígenas: 36 lenguas agrupadas en 7 familias lingüísticas, más otras 6 que corresponden a lenguas aisladas, es decir, que no pertenecen a ninguna familia lingüística (Crevels 2012, pág. 216).

A continuación, se presentan una serie de cuadros (de la tabla 1 a la tabla 5) con estas lenguas agrupadas según la familia lingüística en la que han sido clasificadas.

---

7   http://www.unesco.org/languages-atlas/index.php
8   https://www.ethnologue.com/country/VE

Tabla 1: Lenguas indígenas de Venezuela: familia arawak

Lengua	Población	Número de hablantes	Situación de la lengua	Otros países
achagua			extinta	CO
añu (paraujano)	11 205	20	seriamente en peligo	
baniva (baníwa, banibo, baniva-yavitero, baniva del guainía)	2 408	608	en peligro de extinción	CO, BR
baré	2 815	239	moribunda	BR
kurripako (curripaco, wakuénai, baniva-kurripako, baniwa del isana)	4 925	3 743	potencialmente en peligro	CO, BR
lokono (arhwak, aruaco)	428	130	seriamente en peligro	GF, SU, GY
mandahuaca (mandawaka)	?		posiblemente extinta	BR
piapoko (piapoco, tsáçe)	1 939	1 745	potencialmente en peligro	CO
warekena (guarequena)	513	160	seriamente en peligro	BR
wayuunaiki (guajiro, wayuu)	293 777	293 777	potencialmente en peligro	CO
yavitero (baniva-yavitero y banibo)	?	1	posiblemente extinta	

Según Crevels (2012, pág. 220). Datos demográficos de 2001

La tabla 1 muestra las lenguas pertenecientes a la familia arawak. Esta familia incluye 11 lenguas, de las cuales solo 8 son habladas hoy en día: achagua, añu (paraujano), baniva (baníwa, banibo, baniva-yavitero, baniva del guainía), baré, kurripako (curripaco, wakuénai, baniva-kurripako, baniwa del isana), lokono (arhwak, aruaco), mandahuaca (mandawaka), piapoko (piapoco, tsáçe), warekena (guarequena), wayuunaiki (guajiro, wayuu), yavitero (baniva-yavitero y banibo) (Crevels 2012, pág. 220). A esta familia lingüística corresponde al grupo indígena más numeroso del país, el wayuu, que según el censo del 2011, representa 57,1% de la población indígena total del país, con 413.437 personas (INE 2013b).

Tabla 2: Lenguas indígenas de Venezuela: familia caribe

Lengua	Población	Número de hablantes	Situación de la lengua	Otros países
akawayo (kapon)	245	180	en peligro de extinción	GY, BR
chaima	4 084	63	seriamente en peligo	
e'ñepa (panare, mapoyo)	4 269	4 184	potencialmente en peligro	
kariña (kariñá, kari'na, galibi)	16 686	< 5000	en peligro de extinción	GF, SU, GY, BR
kumanagoto	553	49	seriamente en peligo	
makushi (macushi, makuxi)	83		en peligro de extinción	GY, BR
mapoyo (mapoio, wánai)	365	12	moribundo	
patamona (kapón)	200	200?	en peligro de extinción	GY, BR
pemon (arekuna, taurepan(g), kamarakoto)	27 157	23 083	potencialmente en peligro	GY, BR
pémono	?	1	posiblemente extinto	
piritugoto	236	50	seriamente en peligo	
yawarana (yavarana, yabarana)	292	151	seriamente en peligo	
ye'kuana (ye'kwana, de'kwana, maquiritare, maiongong)	6523	6200	en peligro de extinción	BR
yukpa (yucpa, japrería)	7 522	< 7522	potencialmente en peligro	CO

Según Crevels (2012, pág. 220–221). Datos demográficos de 2001

El segundo cuadro, tabla 2, presenta las lenguas correspondientes a la familia caribe. Esta familia comprende 14 lenguas, de las cuales 10 se hablan verdaderamente: akawayo (kapon), chaima, e'ñepa (panare, mapoyo), kariña (kariñá, kari'na, galibi), kumanagoto, makushi (macushi, makuxi), mapoyo (mapoio, wánai), patamona (kapón), pemón (arekuna, taurepan(g), kamarakoto), pémono, piritugoto, yawarana (yavarana, yabarana), ye'kuana (ye'kwana, de'kwana, maquiritare, maiongong) y yukpa (yucpa, japrería) (Crevels 2012, pág. 220). Además del pemón, el mayor grupo caribe de Venezuela, hay otras tres lenguas que gozan de una relativa vitalidad: yukpa, e'ñepa (panare) y ye'kuana (Crevels 2012, pág. 217). La población de estos tres últimos grupos, según el censo del 2011, corresponde a 10.640, 4.688 y 7.997 personas, respectivamente (INE 2013b).

Tabla 3: Lenguas indígenas de Venezuela: familias chibcha, guajibo y sáliba-piaroa

Lengua	familia	Población	Número de hablantes	Situación de la lengua	Otros países
barí (motilón)	chibcha	1 520	1 520	en peligro de extinción	CO
tunebo (uwa-tunebo)		?	?	posiblemente extinta	CO
kuiva (cuiva, cuiba)	guajibo	454	440	en peligro de extinción	CO
hiwi (jivi, guahibo, sikuani)		14 750	12 000	potencialmente en peligro	CO
pepojivi (playero, guahibo playero)		200	200	seriamente en peligro	CO
mako (wirú, wirö)	sáliba-piaroa	1 130	la mayoría	en peligro de extinción	
piaroa (wothüha, wotjüja, wu'tjuja)		14 494	13 000	en peligro de extinción	CO
sáliba (sáliva)		265	36	seriamente en peligro	CO

Según Crevels (2012, pág. 221). Datos demográficos de 2001

La tabla 3 muestra las lenguas pertenecientes a tres familias lingüísticas: chibcha, guajibo y sáliba-piaroa. La familia chibcha solo cuenta con dos lenguas, barí (motilón) y tunebo (uwa-tunebo), aunque probablemente solo queden hablantes de la primera (Crevels 2012, pág. 218). El censo del 2011 registró 2.841 personas del grupo barí (INE 2013b).

La familia guajibo cuenta con tres lenguas: kuiva (cuiva, cuiba), hiwi (jivi, guahibo, sikuani) y pepojivi (playero, guahibo playero) (Crevels 2012, pág. 218). El censo del 2011 registró 23.953 personas del grupo jivi/guajibo/sikwani (INE 2013b).

El grupo sáliba-piaroa cuenta con tres lenguas: mako (wirú, wirö), piaroa (wothüha, wotjüja, wu'tjuja) y sáliba (sáliva) (Crevels 2012, pág. 218). El censo del 2011 registró 19.293 personas del grupo piaroa, 1.211 del grupo mako y 344 del grupo sáliba (INE 2013b).

Tabla 4: Lenguas indígenas de Venezuela: familias tupí-guaraní y yanomami

Lengua	familia	Población	Número de hablantes	Situación de la lengua	Otros países
yeral (geral, nheengatu, ñengatú)	tupí-guaraní	1 294	650	en peligro de extinción	BR
ninam (yanam)	yanomami	?	?	seriamente en peligo	BR
sanïma (sanema, sanuma)		3 035	3 035	potencialmente en peligro	BR
yanomae (yanomam, yanomamë, yanomama)		?	?	potencialmente en peligro	BR
yanomamï (yanoamï, yanoamae)		12 234	12 234	potencialmente en peligro	BR

Según Crevels (2012, pág. 221). Datos demográficos de 2001

La tabla 4 muestra las lenguas que corresponden a las familias tupí-guaraní y yanomami. La familia tupí-guaraní cuenta solo con una lengua, el yeral (geral, nheengatu, ñengatú). Esta es una lengua criolla basada en el tupí con fuertes influencias del portugués y del arawak, que es utilizada como lengua franca del norte de Brasil (Crevels 2012, pág. 219). El último censo registró 2.130 personas de este grupo (INE 2013b).

La familia yanomami incluye cuatro lenguas: ninam (yanam), sanïma (sanema, sanuma), yanomae (yanomam, yanomamë, yanomama) y yanomamï (yanoamï, yanoamae). Estas lenguas a veces son consideradas como un dialecto continuo (Crevels 2012, pág. 219).

Finalmente, la tabla 5 muestra cinco lenguas aisladas, es decir, que no pertenecen a ninguna familia lingüística, sumándose a estas una lengua aún sin clasificar.

Las lenguas aisladas son cinco: hodï (hoti, jodi, ho), pumé (yaruro), sapé (kariana, kaliana, caliana), uruak (arutani, awake) y warao; el puinave (wänsö-höt) es una lengua aún no clasificada (Crevels 2012). El grupo warao representa el segundo grupo indígena más numeroso del país, con 48.771 personas (INE 2013b).

Tabla 5: Lenguas indígenas de Venezuela: Lenguas aisladas y no clasificadas

Lengua	familia	Población	Número de hablantes	Situación de la lengua	Otros países
hodï (hoti, jodi, ho)	aislada	767	767	en peligro de extinción	
pumé (yaruro)		8 222	7 400	en peligro de extinción	
sapé (kariana, kaliana, caliana)		20	pocos	moribunda	
uruak (arutani, awake)		29	29	seriamente en peligo	BR?
warao		36 028	32 400	potencialmente en peligro	GY
puinave (wänsöhöt)	no clasificada	1 307	550	en peligro de extinción	CO

Según Crevels (2012, pág. 221). Datos demográficos de 2001

2.2 Marco legal de las lenguas indígenas

Desde el punto de vista del cuadro jurídico, se puede decir, en principio, que Venezuela cuenta actualmente con un sólido marco legal que otorga amplios derechos a los pueblos indígenas, incluyendo los principales aspectos referentes a sus lenguas.

Para comenzar, con el objetivo de atender los requerimientos educativos de las poblaciones indígenas con sus particularidades culturales y lingüísticas, en 1979, el Gobierno venezolano instituyó el régimen de Educación Intercultural Bilingüe en las zonas del país con población indígena. Esto derivó en la creación de una Comisión de Lingüística por parte de la Dirección de Asuntos Indígenas del Ministerio de Educación. Formada por especialistas y maestros indígenas de diversas etnias, esta comisión tuvo a su cargo la caracterización fonológica de nueve lenguas indígenas en una primera etapa, y la elaboración y/o revisión de los alfabetos correspondientes con vistas a su oficialización. Así, a comienzos de la década de los 80, se publicaron nueve libros de lectura para la educación inicial en los idiomas guajibo, guajiro, kariña, pemón, warao, yanomami, yekuana, yaruro y yukpa (Mosonyi 2007).

Si bien la Educación Intercultural Bilingüe tuvo una aplicación limitada dada la complejidad del proceso, la idea fue relanzada a partir de los cambios legales surgidos a partir de 1999 con la entrada en vigencia de la nueva constitución (Mosonyi 2007).

En 1999, la promulgación de la Constitución Nacional de la República Bolivariana de Venezuela (Asamblea Nacional Constituyente 1999) inició un nuevo ciclo en el marco legal venezolano. En esta constitución se consagra la oficialidad de las lenguas indígenas:

> *Artículo 9. El idioma oficial es el castellano. Los idiomas indígenas también son de uso oficial para los pueblos indígenas y deben ser respetados en todo el territorio de la República, por constituir patrimonio cultural de la Nación y de la humanidad.*

Esto hace que Venezuela forme parte del grupo de países hispanoamericanos (junto con Argentina, Bolivia, Chile, Colombia, Ecuador, México, Nicaragua, Paraguay y Perú) donde existe una legislación sobre la oficialidad de las lenguas indígenas (Zajícová 2017, pág. 174).

Pero esta constitución no solo se refiere a las lenguas en sí mismas, sino también a todos los aspectos relativos al reconocimiento y la preservación de las culturas indígenas:

> *Artículo 119. El Estado reconocerá la existencia de los pueblos y comunidades indígenas, su organización social, política y económica, sus culturas, usos y costumbres, idiomas y religiones, así como su hábitat y derechos originarios sobre las tierras que ancestral y tradicionalmente ocupan y que son necesarias para desarrollar y garantizar sus formas de vida.*

Seis años más tarde de la promulgación del texto constitucional, en el 2005, entró en vigor la Ley Orgánica de Pueblos y Comunidades Indígenas (Asamblea Nacional de la República Bolivariana de Venezuela 2005), para especificar los derechos ya consagrados en la Constitución Nacional. Esta ley tiene por objeto establecer los principios y bases para, entre otros aspectos:

> *Artículo 4-3. Proteger las formas de vida y el desarrollo sustentable de los pueblos y comunidades indígenas, con fundamento en sus culturas e idiomas.*

A fin de lograr su objetivo, la ley menciona un nuevo régimen de enseñanza, la educación intercultural bilingüe, que define de la siguiente manera:

> *Artículo 76. La educación intercultural bilingüe es un régimen educativo específico que se implantará en todos los niveles y modalidades del sistema educativo para los pueblos indígenas, y estará orientado a favorecer la interculturalidad y a satisfacer las necesidades individuales y colectivas de los pueblos y comunidades indígenas. Este régimen está fundamentado en la cultura, valores, normas, idiomas, tradiciones, realidad propia de cada pueblo y comunidad y en la enseñanza del castellano, los aportes científicos, tecnológicos y humanísticos procedentes del acervo cultural de la Nación venezolana y de la humanidad. Todo ello estará desarrollado en los programas de estudio.*

Más adelante, el artículo 77 menciona las obligaciones del Estado para lograr la implantación de tal régimen de educación. Entre otros aspectos, el Estado está obligado a desarrollar:

Artículo 77-2. La uniformidad gramatical de la escritura del idioma de cada pueblo indígena.

Artículo 77-3. La revitalización sistemática de los idiomas indígenas que se creían extinguidos o que están en riesgo de extinción, mediante la creación de nichos lingüísticos u otros mecanismos idóneos.

Artículo 77-8 La producción y distribución de materiales didácticos y de lectura elaborados en los idiomas indígenas.

En cuanto a la lengua de uso en el cuadro escolar, la ley señala:

Artículo 79. En el régimen de educación intercultural bilingüe los idiomas indígenas se enseñan y emplean a lo largo de todo el proceso de enseñanza-aprendizaje. La enseñanza del idioma castellano será paulatina y teniendo en cuenta criterios pedagógicos adecuados. [...]

Además, mediante esta ley el Estado garantiza el uso de las lenguas indígenas en diferentes ámbitos, así como la traducción de los principales textos legislativos y de los procesos judiciales y administrativos, la edición y publicación de textos escolares y materiales bibliográficos y audiovisuales, y, adicionalmente, incorpora el uso de las lenguas indígenas en el sistema de salud:

Artículo 95. El Estado garantizará el uso de los idiomas indígenas en:

1. *La traducción de los principales textos legislativos y cualquier otro documento oficial que afecte a los pueblos y comunidades indígenas, especialmente la Constitución de la República Bolivariana de Venezuela, las constituciones de los estados con presencia indígena y la presente Ley.*
2. *Los procesos judiciales y administrativos en los cuales sean parte ciudadanos indígenas con la presencia de intérpretes bilingües.*
3. *El uso en actos públicos y oficiales de los estados con población indígena.*
4. *La utilización y el registro de la toponimia usada por los pueblos y comunidades indígenas en la cartografía y los documentos del Estado.*
5. *La publicación de textos escolares y otros materiales didácticos para fortalecer los diferentes niveles del régimen de educación intercultural bilingüe.*
6. *La edición y publicación de materiales bibliográficos y audiovisuales en cada uno de los idiomas indígenas dirigidos al conocimiento, esparcimiento y disfrute de los indígenas.*
7. *Los procedimientos de información y consulta a los pueblos y comunidades indígenas, incluida la traducción y reproducción de textos y otros documentos.*
8. *Los servicios y programas del sistema nacional de salud dirigidos a los pueblos indígenas.*
9. *Todos los casos en los que se considere necesario.*

El país también cuenta con una ley específica que regula todo lo relacionado con las lenguas de los pueblos indígenas: la Ley de Idiomas Indígenas, sancionada en el 2008 (Asamblea Nacional de la República Bolivariana de Venezuela 2008). Esta ley especifica su objetivo:

> *Artículo 1. La presente Ley tiene por objeto regular, promover y fortalecer el uso, revitalización, preservación, defensa y fomento de los idiomas indígenas, basada en el derecho originario de los pueblos y comunidades indígenas al empleo de sus idiomas como medio de comunicación y expresión cultural.*

En el segundo artículo, referente al uso y ámbito de aplicación de los idiomas indígenas, la ley señala que la utilización de estos idiomas no está asociada a un ámbito en particular y, además, que el uso no está limitado a ningún territorio en particular:

> *Artículo 2. Los pueblos indígenas tienen el deber y el derecho de usar de manera amplia y activa sus idiomas originarios en sus propias comunidades y en todos los ámbitos de la vida de la Nación. Los idiomas indígenas y el idioma castellano son los instrumentos de comunicación entre el Estado y los pueblos y comunidades indígenas, en cualquier escenario e instancia pública o privada en todo el territorio nacional.*

Este último aspecto, hace que Venezuela sea el único país hispanoamericano que no limite territorialmente el uso oficial de las lenguas indígenas (Zajícová 2017, pág. 188).

Como estas lenguas son de uso oficial, esta ley presenta una lista detallada con los idiomas oficiales del país, a saber, el castellano más 39 lenguas indígenas:

> *Artículo 4. Son idiomas oficiales de la República Bolivariana de Venezuela, el idioma castellano y los idiomas de los pueblos indígenas siguientes: kapón (akawayo), amorúa, añu, aruako (lokono), ayamán, baniva (baniwa), baré (báre), barí, chaima, kubeo, kumanagoto, e´ñepá, jodi (jodü), jivi (jiwi), japreria, kari´ña, kurripako, kuiva, mako, makushi, ñengatú (jeral), pemón (kamarakoto, arekuna, taurepan), chase (piapoko), puinave, pumé, sáliva, sanemá, sapé, timote, uruak (arutani), wotjüja (piaroa), mopuoy (mapoyo), warekena, warao, wayuu, yanomami, yavarana (yawarana), ye´kuana (dhe´kuana) y yukpa.*

Adicionalmente, en este mismo artículo, se amplía la cobertura a otros pueblos indígenas no mencionados específicamente en la ley:

> *La enunciación de los pueblos indígenas aquí señalados, se establece en atención a la identidad propia y autodenominación, y no implica la negación de los derechos y garantías que tengan otros pueblos indígenas originarios no identificados en esta Ley.*

Esta Ley de Idiomas Indígenas estipula, además, la creación de un organismo oficial (el Instituto Nacional de Idiomas Indígenas) para manejar lo relativo al cumplimiento de lo especificado en la ley. Entre otros aspectos, destacan:

Artículo 12. Son competencias del Instituto Nacional de Idiomas Indígenas, las siguientes:

1. *Cumplir y velar por la aplicación de la presente Ley.*
   [...]
5. *Desarrollar el proceso de estandarización y normalización de los alfabetos y las gramáticas de los idiomas indígenas.*
6. *Traducir, interpretar y difundir los principales instrumentos legales y cualquier otro documento que afecte a los pueblos y comunidades indígenas.*
7. *Elaborar y aprobar los diccionarios y otros materiales docentes para los idiomas indígenas.*
8. *Propiciar y apoyar la creación de los nichos lingüísticos y otros instrumentos idóneos que coadyuven a la revitalización de los idiomas indígenas en peligro de extinción o deterioro.*
9. *Formar, capacitar y avalar a los y las intérpretes y a los traductores y las traductoras en idiomas indígenas.*
10. *Formar y capacitar a los docentes indígenas bilingües, especialmente de la educación intercultural bilingüe.*
11. *Fomentar el uso de los idiomas indígenas en los actos públicos, nacionales e internacionales, especialmente en los estados, y municipios con población indígena.*

Además, la ley da el plazo de un año para la creación del citado organismo oficial:

Disposición Transitoria. Única: El Instituto Nacional de Idiomas Indígenas entrará en funcionamiento dentro de un lapso no mayor de un año, contado a partir de la entrada en vigencia de la presente Ley.

A pesar de ello, y considerando que la ley fue promulgada en 2008, informaciones periodísticas señalan que el Instituto Nacional de Idiomas Indígenas fue creado en agosto de 2015[9].

La Ley de Idiomas Indígenas también señala las obligaciones del Estado para la utilización de estas lenguas en sus diferentes dependencias:

Artículo 38. Los estados y municipios con población indígena, en coordinación con el Instituto Nacional de Idiomas Indígenas, establecerán los mecanismos necesarios, incluyendo la dotación de espacios y la designación del personal idóneo, para que en sus dependencias sean atendidas las solicitudes o asuntos que sean planteadas por los pueblos y comunidades indígenas en sus idiomas originarios.

---

9   fmf/ACH (11 agosto 2015). Venezuela crea Instituto de Idiomas Indígenas. Telesur. Recuperado de https://www.telesurtv.net/news/Venezuela-crea-Instituto-de-Idiomas-Indigenas-20150811-0056.html

Para la utilización de estas lenguas se contempla la asignación de traductores con el fin de mediar en actos oficiales, procedimientos administrativos y judiciales, incluyendo el sistema nacional de salud:

Artículo 40. El Instituto Nacional de Idiomas Indígenas designará a los y las intérpretes y a los traductores y a las traductoras indígenas, para facilitar la comunicación entre los pueblos y comunidades indígenas y el Estado. A tal fin, debe crear y mantener a la disposición pública, un banco de datos de los y las intérpretes y de los traductores calificados y las traductoras calificadas en los idiomas indígenas respectivos, para garantizar la comunicación en los actos oficiales y en los procesos administrativos, judiciales y demás actividades públicas o privadas en las cuales participen los indígenas.

Artículo 42. En el Sistema Nacional de Salud y en el Sistema de Justicia los órganos y entes competentes deben designar, en coordinación con el Instituto Nacional de Idiomas Indígenas, los y las intérpretes y a los traductores y a las traductoras necesarios para la atención de los pueblos y comunidades indígenas, quienes prestarán sus servicios de manera exclusiva, y deberán ser dotados de los medios y recursos idóneos para cumplir con eficiencia sus funciones.

Finalmente, esta ley también se ocupa de promover el aprendizaje de las lenguas indígenas. Para ello, compromete al Estado a normalizar todos los aspectos relativos a estas lenguas y a promover su enseñanza y facilitar su difusión:

Artículo 35. El Estado, a través de los órganos y entes competentes, con la participación de los pueblos y comunidades indígenas, debe establecer los mecanismos apropiados para la enseñanza de los idiomas indígenas. Estos incluyen la formación de los docentes indígenas y no indígenas, elaboración y aprobación de los alfabetos, gramáticas, técnicas pedagógicas y didácticas interculturales, publicación de materiales educativos y culturales, y la elaboración de cualquier material necesario para la enseñanza

Por otro lado, y a pesar de la importancia de la educación intercultural bilingüe, la Ley Orgánica de Educación, promulgada en 2009 (Asamblea Nacional de la República Bolivariana de Venezuela 2009), solo le asigna un artículo que señala la obligatoriedad de este sistema de educación en los territorios de población indígena y la creación de una futura ley específica que regule su funcionamiento:

Artículo 27. La educación intercultural transversaliza al Sistema Educativo y crea condiciones para su libre acceso a través de programas basados en los principios y fundamentos de las culturas originarias de los pueblos y de comunidades indígenas y afrodescendientes, valorando su idioma, cosmovisión, valores, saberes, conocimientos y mitologías entre otros, así como también su organización social, económica, política y jurídica, todo lo cual constituye patrimonio de la Nación. El acervo autóctono es complementado sistemáticamente con los aportes culturales, científicos, tecnológicos y humanísticos de la Nación venezolana y el patrimonio cultural de la humanidad.

La educación intercultural bilingüe es obligatoria e irrenunciable en todos los planteles y centros educativos ubicados en regiones con población indígena, hasta el subsistema de educación básica.

La educación intercultural bilingüe se regirá por una ley especial que desarrollará el diseño curricular, el calendario escolar, los materiales didácticos, la formación y pertinencia de los y las docentes correspondientes a esta modalidad.

Aunque la Ley de Educación de 2009 le otorgó un carácter obligatorio a la educación intercultural bilingüe, se necesitaron aún siete años para que la Ley de Educación Intercultural Bilingüe fuera elaborada. Sin embargo, esta ley nunca entró en vigencia ya que a los pocos meses fue declarada nula[10]. Al momento de finalizar la redacción del presente trabajo, la ley que debe regir el funcionamiento de la educación intercultural bilingüe aún no ha sido aún promulgada.

Visto este resumen de los aspectos más importantes del marco legal que ordena el uso de las lenguas indígenas en Venezuela, en principio, se podría pensar que, principalmente a partir del cambio constitucional de 1999, el país cuenta con un conjunto de instrumentos legales que luce sólido y completo, amparando los principales aspectos orientados al mantenimiento, uso y difusión de estas lenguas.

Sin embargo, y sin poseer elementos concretos para evaluar el nivel de aplicación de estas leyes, algunos aspectos formales llevan a pensar que este cuadro legal puede carecer de impacto efectivo sobre la realidad de los hechos. Por un lado, surgen interrogantes sobre la disposición del Estado, basta considerar el largo período de tiempo en la elaboración de las leyes específicas, así como en la creación de los organismos oficiales para implementar el principio consagrado en la Constitución Nacional de 1999. Por ejemplo, entre la publicación de la Ley de Idiomas Indígenas y la creación del organismo oficial (Instituto Nacional de Idiomas Indígenas) encargado de "cumplir y velar por la aplicación" de la misma ley, el Estado venezolano demoró 7 años.

Por otro lado, el marco legal carece de importantes lagunas objetivas, principalmente, la falta de una ley que rija la educación intercultural bilingüe, definida en los textos como uno de los elementos más importantes para la preservación de las lenguas indígenas. La ausencia de esta ley va en contra de lo estipulado en la Ley Orgánica de Educación, de 2009, que señala que dicho sistema educativo

---

10 Sentencia N° 1.013 de fecha 25 de noviembre de 2016, de la Sala Constitucional del Tribunal Supremo de Justicia que declara nulo el acto legislativo de la Asamblea Nacional mediante el cual se sancionó la Ley de Educación Intercultural Bilingüe Indígena. Gaceta Oficial N° 41050.

es obligatorio y que la ley debe reglamentar "el diseño curricular, el calendario escolar, los materiales didácticos, la formación y pertinencia de los y las docentes correspondientes a esta modalidad" (Asamblea Nacional de la República Bolivariana de Venezuela 2009, artículo 27).

Al margen del aspecto legal, en un artículo sobre la enseñanza de las lenguas indígenas en Venezuela, Ramírez (2015) se muestra bastante crítica en cuanto al avance en la implementación de dicho sistema educativo:

> A pesar de que el país se ha definido como una sociedad multicultural, plurilingüe, se ha hecho muy cuesta arriba la interculturización de los institutos educativos y la consolidación de la Educación Intercultural Bilingüe (EIB). La educación que se brinda no está conectada con la vida local, con la problematización de los entornos, sigue siendo una educación eminentemente colonizadora, fraudulenta y traumática que no es ni bilingüe, ni intercultural. (Ramírez 2015, pág. 133)

La autora prosigue señalando las diversas dificultades que encuentran los docentes al intentar aplicar la educación intercultural bilingüe:

> Los maestros EIB declaran que no son escribientes, ni lectores en sus lenguas de origen. Sumado a ello, la mayor debilidad estriba en formación deficiente en diversos aspectos nucleares como falta de información, formación lingüística y práctica sobre los enfoques de enseñanza de L1 y L2, y en segundo lugar serias deficiencias en la elaboración de recursos didáctico-pedagógicos para desarrollar la enseñanza en lengua originaria y en español. Sumado a ello, los seminarios y cursos de capacitación que reciben los docentes en EIB son excesivamente teóricos carentes de prácticas contextualizadas. (Ramírez 2015, pág. 140–141)

Lo antes expuesto lleva a pensar que este sistema de educación aún no es aplicado en los centros educativos, a pesar de lo que especifican claramente los textos legales.

3 Los pemón

En este capítulo se presentarán informaciones sobre el pueblo indígena tratado en la presente monografía: los pemón. Se darán informaciones sobre su localización, el ecosistema donde habitan, su historia, su demografía y su lengua. Finalmente, se describirán las comunidades en las cuales se realizó el presente estudio.

Los pemón[11] son un pueblo indígena transfronterizo de lengua caribe que habita territorios ubicados en Venezuela, Guyana y Brasil. La gran mayoría de los pemón residen el territorio venezolano, en el municipio Gran Sabana del estado Bolívar, en el sureste del país. En la figura 1 puede verse un mapa de Venezuela, donde aparece destacada la zona habitada por este grupo indígena.

El municipio Gran Sabana posee una superficie de 32.988 km². La mayor parte de este municipio está ocupado por uno de los parques naturales más grande del mundo: el Parque Nacional Canaima, con 32.000 km². Este Parque Nacional fue creado en 1962, con un territorio de un millón de hectáreas. Más tarde, en 1975 se amplió su extensión hasta los tres millones de hectáreas que ocupa hoy en día. En la parte oriental del parque se encuentran las planicies bajas denominadas Gran Sabana, en la parte occidental está la selva. La Gran Sabana está situada entre los paralelos 4°34 y 6°45 de longitud norte y los meridianos 60° 34 y 62°50 oeste. La Gran Sabana está enclavada en el Escudo Guayanés, la formación geológica más antigua de la tierra, de hace unos tres mil millones de años. En el Parque Nacional Canaima destacan los *tepuyes* (cerros), rocas graníticas en formas tabulares de altas mesetas, con paredes verticales formadas por la erosión. El más conocido es el Auyantepuy, donde se encuentra la caída de agua más alta del mundo: el salto Churún Merú, también conocido como el Salto Ángel, con 1.005 metros de altura. El *tepuy* más alto es el Roraima, con 2.810 metros de altura, en cuya cima se encuentra el punto que marca la frontera entre Venezuela, Brasil y Guyana (Torre Arranz 2013, pág. 15–17). En 1994, la UNESCO incluyó al Parque Nacional Canaima dentro de su lista de patrimonio mundial[12].

---

11 En la lengua indígena del mismo nombre, la palabra pemón no posee marca de género. Si bien esta lengua distingue entre dos géneros, no posee una terminación genérica que indique de por sí el género de una palabra. Cuando se precisa hacerlo, se añaden las palabras warato o kurai, para el masculino, y weri o nopue, para el femenino. Por ejemplo: kabare (caballo, masculino o femenino), kabare weri (yegua), kabare warato (caballo) (Gutiérrez Salazar 2012, pág. 18–19).

12 UNESCO. World Heritage List: Canaima National Park. http://whc.unesco.org/en/list/701/

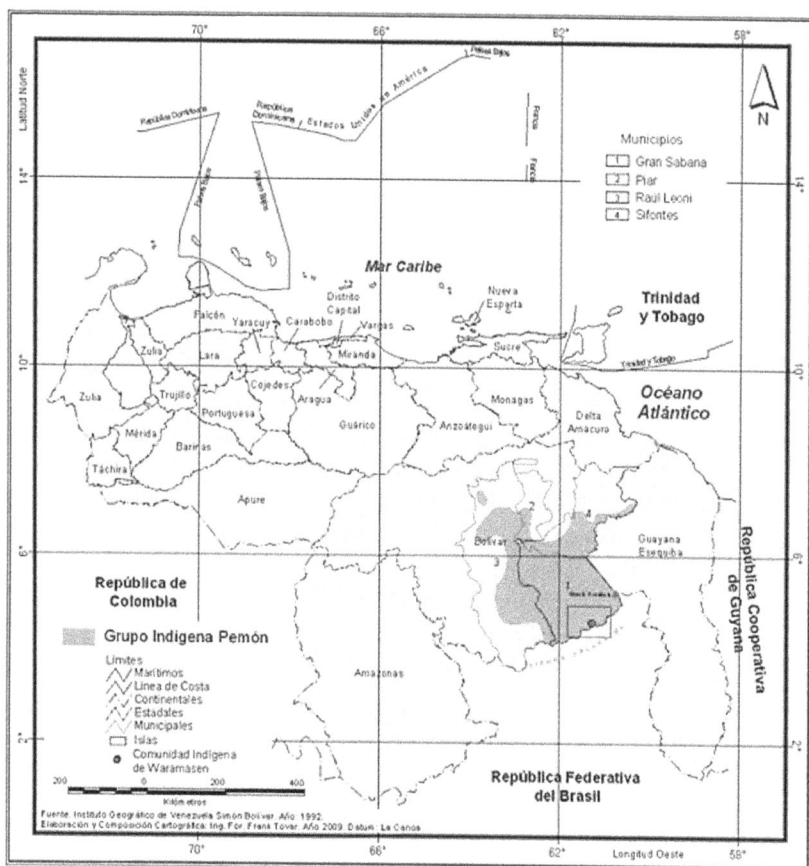

Figura 1: Mapa de Venezuela indicando la localización del pueblo pemón. Tomado de Rojas López y Tovar Z. (2011, pág. 116)

En cuanto a la ubicación precisa del pueblo pemón, Thomas (1983) señala que ocupan toda la cuenca del río Caroní, aguas arriba de San Pedro de Las Bocas, incluyendo sus afluentes: Carrao, Urimán, Tirika, Icabarú (con su afluente el Uai-parú), Kurai, Aponguao (y sus afluentes), Surukún, Kukenán (y sus afluentes), Uairén y Arabopo. También habitan en la cuenca del río Karún (y su afluente el Antabari), el Valle del Paragua, las riberas del Oris y el río Paragua más abajo del Salto Uraima. Al este ocupan el curso superior de los ríos Kamarang y Venamo.

Igualmente, se encuentran algunos asentamientos en el valle del río Cuyuní, cerca de la población de El Dorado (Thomas 1983, pág. 309).

Los pemón no son los únicos que habitan en la región, ellos son vecinos de otros grupos indígenas que, en su mayoría, también hablan lenguas de la familia lingüística caribe: al este, se encuentran los kapón (akawaio y patamona), al sur los makushí (quienes también se autodenominan pemón) y, al oeste, los ye'kuana. Los sapé y los uruak (arutani) del valle del río Paragua no hablan lenguas caribe y han sido en gran parte absorbidos, entre otros, por los pemón (Thomas 1983, pág. 309).

3.1 Ecosistema

El área habitada por los pemón comprende dos zonas ecológicas: una de sabana, ubicada al este, que comprende la Gran Sabana y el Valle de Kamarata, y otra de selva fluvial, al oeste, comprendida entre los ríos Caroní, Karún Antabari y el Bajo Paragua. La zona de sabana se ubica entre 550 y 1500 metros sobre el nivel del mar y en ella predomina una topografía ligeramente ondulada, interrumpida por montañas abruptas cubiertas de bosque y lechos de ríos y caños; en esta región la precipitación anual es de 1100 a 2200 mm y la temperatura media anual va de 18° a 24°. La zona de selva fluvial se ubica de 500 a 1700 metros sobre el nivel del mar, tiene una precipitación anual de 2000 a 4000 mm y una temperatura media anual de 18° a 24°. Es en la zona de sabana donde habita la mayor parte de la población (Thomas 1983, pág. 317–318).

La distribución de las lluvias es bimodal en la zona de la sabana central y norte (Kamarata, Kavanayén, Uonkén y el valle del río Aponguao), las máximas precipitaciones ocurren entre abril/julio y entre octubre/noviembre. En cambio, en la zona sur de la Gran Sabana la precipitación es mayor y es unimodal, los meses secos son de enero a marzo. Tradicionalmente, los pemón distinguen los años por referencia a las dos estaciones principales: húmeda y seca, un año se señala por el paso de estos tres meses secos (Thomas 1983, pág. 318).

3.2 Historia

Aún falta por describir plenamente el proceso de ocupación territorial de la región las Guayanas, una zona de cerca de 1 800 000 km² que constituye un conjunto homogéneo geográfica y culturalmente, en parte del cual se ubica el área donde hoy en día habita el pueblo pemón (Rostain 2003). La ausencia de una descripción detallada se debe, en buena parte, a la falta de suficientes estudios arqueológicos en esta zona. Los primeros pobladores fueron grupos de cazadores-recolectores que hace 10000 años ampliaron la extensión sabana mediante el uso del fuego. Hace 7000 años, grupos de pescadores-recolectores inventaron la cerámica y dejaron trazos de la primera sedentarización. A partir del 2000 a.c. se construyeron pueblos, se produjeron útiles y objetos y se cultivaron campos abiertos en la selva con la ayuda de hachas y el fuego. La revolución neolítica comenzó hacia el año 300 de nuestra era, concretándose hacia el año 600. La estructura sociopolítica de estas sociedades evolucionó con una cierta jerarquía de grupo y la especialización de ciertas tareas, la implementación de un sistema de intercambios y la aceptación de una vida ceremonial común. En este período aumentó la población provocando una distribución territorial más sensible y una identificación cultural más precisa. La conquista europea que comenzó en el siglo XVI produjo un enorme caos en el mundo amerindio que aparentemente se encontraba en mutación desde hacía unos cuatro siglos (Rostain 2003, pág. 31–33).

Hacia mediados del siglo XVIII, hasta donde se puede remontar a través de las fuentes históricas (alrededor de 1750), se atesta la presencia de población en la mayor parte del territorio que hoy ocupan los pemón (las fuentes hablan de grupos arekuna, kamarakoto, ipurugoto, etcétera) (Thomas 1983, pág. 313). Sin embargo, todavía no existen datos arqueológicos precisos que determinen exactamente la fecha de llegada de los pemón a la zona (Rodríguez 2007, pág. 338).

Hasta principios del siglo XX, fueron mínimos los contactos continuos y directos de los pemón, tanto con venezolanos como con brasileños, guyaneses y europeos. El aislamiento se rompió a partir de la instalación de misiones religiosas (capuchinos y adventistas) y la llegada de mineros a las zonas diamantíferas (Thomas 1983, pág. 313).

En 1912 llegó el primer misionero católico a la zona de Santa Elena, proveniente de la Guyana Inglesa. Su evangelización fue exitosa y realizó dos visitas más a la región, en 1916 y en 1920 (Torre Arranz 2013, pág. 46–47).

En 1922, el Ejecutivo Nacional venezolano y la Orden Capuchina firmaron un convenio que dio origen a la Misión del Caroní. Esta nueva misión tenía una extensión aproximada de 150.000 km^2 y se dividía en tres regiones perfectamente distintas. La tercera zona se extendía desde el paralelo 6° hasta la frontera este-sur, correspondiente a la hoya hidrográfica Paragua-Caroní (Gutiérrez Salazar 1977). Por parte del gobierno, el objetivo de esta misión era principalmente asegurar el control del territorio venezolano:

> *En esta solución del problema indígena, que se venía arrastrando sin solución efectiva durante un siglo, tuvo gran parte la necesidad de mirar por la seguridad de las fronteras. Y no le faltaban razones a Juan Vicente Gómez cuando insistía ante el Congreso por una*

*pronta solución con el restablecimiento de las Misiones para fomentar el "progreso y conso-
lidación territorial". (Gutiérrez Salazar 1977, pág. 497)*

En este sentido, en 1930, luego de un penoso viaje por la zona, el obispo del
Caroní envió un informe al Gobierno de Venezuela en el que constataba la presencia de extranjeros en el territorio venezolano y realizaba tres solicitudes:

*1°. Por los medios que se estimen más pertinentes háganse salir inmediatamente del
territorio de la Misión a los tres Misioneros extranjeros. De hecho los indígenas
desconocen absolutamente el castellano, y si no bien los mayores apenas han apren-
dido algo el inglés, los niños hablan, rezan y cantan ya en este idioma.*

*2°. Para que el hecho no se repita, impónese el establecimiento inmediato de Misione-
ros y Misioneras Católicos, que velen por los intereses espirituales y temporales de
Venezuela en la Gran Sabana.*

*3°. Todavía notamos otra necesidad y es que al igual de Inglaterra y el Brasil, se ponga
allá una inspectoría de frontera, que mantenga permanentemente enhiesta la
enseña; ello económicamente supondría poco y moralmente sería de valor incalcu-
lable. (Torre Arranz 2013, pág. 58)*

Las solicitudes fueron atendidas y, a partir de entonces, los capuchinos fundaron
diversas misiones en la Gran Sabana. La primera de ellas fue en 1931 en Santa
Elena de Uairén donde, además, fundaron la ciudad. Una década más tarde le
siguió la misión de Kavanayén (1942), tiempo después, la misión de Kamarata
(1954) y, luego, la misión de Uonkén (1959).

Las primeras incursiones de las misiones adventistas comenzaron en 1911,
siendo más importantes las que sucedieron entre 1927 y 1930, cuando se establecieron en terrenos de lo que luego sería la ciudad de Santa Elena de Uairén y
desarrollaron una actividad evangelizadora por los valles de los ríos Aponguao
y Kurai (Thomas 1983, pág. 315). En noviembre de 1930 el gobierno venezolano
expulsó de la región a los misioneros adventistas extranjeros que carecían de
permisos legales. Muchos de los indígenas convertidos al adventismo se queda-
ron en la Gran Sabana, mientras que otros se fueron a la Guyana Inglesa. Años
después, algunos regresaron para fundar las comunidades de Waramasén, Maurak y Apoipó. En 1957, los pastores adventistas regresaron debido a los requerimientos de la comunidad de Apoipó y, desde entonces, mantienen su presencia
en la Gran Sabana (Torre Arranz 2013, pág. 46).

Otra influencia importante sobre los pemón proviene de la explotación
minera de diamantes aluviales. Esta influencia se limita mayormente al siglo XX,
especialmente a partir de 1945, año a partir del cual se intensifica. Una de las
características de esta actividad es que un grupo de mineros se establece en torno

a la mina y luego, en cuestión de semanas, meses o años, desaparece, al agotarse la mina (Thomas 1983, pág. 316).

Desde el punto de vista científico, hay que destacar el trabajo del etnólogo, antropólogo y explorador alemán Theodor Koch-Grünberg (1872–1924). En una expedición realizada entre 1911 y 1913, realizó una larga travesía estudiando distintos pueblos indígenas entre el norte de Brasil y el sur de Venezuela. Partiendo de Manaos continuó por el río Branco hacia el norte hasta llegar al Monte Roraima, luego fue al oeste, hasta San Fernando de Atabapo donde, siguiendo el canal del Casiquiare, hacia el sur, llegó al río Negro, para regresar de nuevo a Manaos. Los resultados de esta exploración fueron publicados en su obra *Vom Roroima zum Orinoco: Ergebnisse einer Reise in Nordbrasilien und Venezuela in den Jahren 1911–1913*, publicada entre 1917 y 1928, en cinco tomos (véanse Koch-Grünberg 1917, 1924, 1923a, 1928, 1923b). Hay que destacar que en el segundo tomo de esta publicación Koch-Grünberg describe mitos y leyendas de los pemón (en el texto, indígenas taulipáng) (Koch-Grünberg 1924). En el cuarto tomo se describen varias lenguas de los pueblos visitados, incluyendo un capítulo con una lista de palabras y un esbozo de la gramática pemón (taulipáng) (Koch-Grünberg 1928). Tiempo después, entre los años 1979 y 1982, se publicó una edición resumida de esta obra, en español (véase Koch-Grünberg 1979–1982). Resulta particularmente interesante, considerando el momento de la exploración, que Koch-Grünberg logró recopilar un abundante material fotográfico (véase la obra antes citada) y filmográfico (véase Koch-Grünberg y Schmidt 1962)[13].

3.3 Demografía

Desde que se realizan registros en Venezuela, se observa un rápido crecimiento demográfico del pueblo pemón. Se estimaron 1600 habitantes, en 1937, llegando a los 4000 habitantes, en 1970 (Thomas 1983, pág. 310). El censo de 1992 registró 19.119 personas (Allais 1994, pág. 90). Luego, el censo indígena de 2001, registró 24.119 habitantes (INE 2010) y 296 comunidades de este pueblo. Además, se encontró que un 51,9% de las personas eran bilingües, con una tasa de alfabetismo en castellano de 74,6% y de 52,2% en pemón (INE 2010). Según este mismo censo, el 65,5% de los pemón habitaban en el municipio Gran Sabana del Estado Bolívar.

---

13   Parte de este material está disponible en línea en: https://av.tib.eu/media/9045

El censo más reciente, realizado en el año 2011, registró un total de 30.148 personas pertenecientes al pueblo pemón (INE 2013b). Como el criterio del censo es la auto identificación de las personas, hay que acotar que en este 20.735 personas dijeron ser pemón, 1.856 arekuna, 3.147 kamarakoto y 4.410 taurepán (INE 2013c). Como se verá más adelante, estas diversas denominaciones corresponden a los dialectos de la lengua que se encuentran separados geográficamente.

Si se observan los detalles de este censo (INE 2013c) se encuentra que el 99,2% de los pemón habitaban en el estado Bolívar, representando el 55,1% de la población indígena de esta entidad. En cuanto a su ubicación en los 11 municipios del estado, se encontró que la gran mayoría de los pemón (92,3%) se concentraba en solo tres municipios: Gran Sabana (53,0%), Bolivariano Angostura (21,7%) y Sifontes (17,7%). Esta población pemón representaba 98,8% (Gran Sabana), 87,9% (Bolivariano Angostura) y 60,4% (Sifontes) del total de la población indígena de los municipios mencionados. En el municipio Gran Sabana, donde se realizó la investigación, 80,8% de la población indígena habitaba en zonas rurales. En la capital de este municipio, Santa Elena de Uairén, 21,3% de la población dijo ser pemón.

Siguiendo los datos de este censo de 2011 (INE 2013c), la proporción de hombres y mujeres entre los pemón era bastante similar (50,2% y 49,8%, respectivamente). En cuanto a los grupos de edad, 34,0% tenía menos de 12 años, 19,8% estaba entre 12 y 19 años, 24,6% entre 20 y 35 años, 12,2% entre 36 y 49 años y 9,3% tenía 50 años o más (INE 2013c). En tabla 6 se presenta una comparación de estos grupos de edad entre la población nacional, la población del estado Bolívar y la población pemón. Se observa que la distribución de la población pemón es mucho más joven que la población nacional y la del estado Bolívar.

Tabla 6: Grupos de edad. Comparación

	Población nacional	Estado Bolívar	Población pemón
menos de 12	21,6%	23,4%	34,0%
12–19	15,1%	16,1%	19,8%
20–35	27,7%	28,3%	24,6%
36–49	17,6%	16,9%	12,2%
50 o más	18,1%	15,3%	9,3%

En lo referente a la proporción de alfabetismo, 77,6% de los pemón sabía leer y escribir (frente a 88,2% de la población nacional), mientras que 39,5% asistía a algún centro educativo, para el momento del censo (frente a 35,2% de la población nacional). En cuanto al nivel educativo, se registró que 16,5% no había

alcanzado ningún nivel, 5,3% había alcanzado un nivel preescolar, 41,9% la primaria, 28,4% la secundaria, 1,2% un nivel técnico superior y 3,8% un nivel uni-
versitario (INE 2013c). La tabla 7 presenta una comparación del nivel educativo
entre la población nacional, la del estado Bolívar y la pemón. Se observa que la
distribución pemón se aleja por mucho de las otras distribuciones. Por ejemplo,
la proporción de personas que no alcanzaron ningún nivel educativo en la población pemón es casi tres veces mayor. Esto implicaría que el 16,5% de los pemón
nunca habrían entrado al sistema educativo. Sin embargo, como la población
pemón es mucho más joven, podría ocurrir que el resultado observado se debe a
esta diferencia. Por ello se consideró preciso recalcular los valores descartando a
los niños que no deberían haber comenzado su formación escolar.

Tabla 7: Nivel educativo. Comparación

	Población nacional	Estado Bolívar	Población pemón
No sabe	3,0%	2,9%	3,0%
Ninguno	6,6%	6,7%	16,5%
Preescolar	4,4%	4,2%	5,3%
Primaria	29,8%	27,5%	41,9%
Secundaria	37,5%	40,2%	28,4%
Técnico Superior	4,5%	5,2%	1,2%
Universitario	14,2%	13,5%	3,8%

La tabla 8 presenta una comparación del nivel educativo entre la población
nacional, la del estado Bolívar y la pemón, pero esta vez considerando a las
personas con 5 años o más. Lo que parecía ser un efecto de la juventud de la
población no es tal y los valores se modifican un poco pero las relaciones se mantienen. La proporción de personas que no alcanzaron ningún nivel educativo
en la población pemón (13,1%) es casi tres veces mayor que la proporción de la
población nacional (4,9%). Considerando que la formación debería comenzar a
los 5 años, se puede decir que esto implicaría que el 13,1% de los pemón nunca
ha entrado al sistema educativo. También destaca la alta proporción de personas
que han llegado a la primaria, 44,8%, ante el 31,0% de la población nacional.
Igualmente, destacan los bajos valores en los estudios superiores: la proporción
de la población pemón es menos de la tercera parte de la población nacional,
tanto en el nivel técnico superior (1,2%, frente a 4,7%), como en el superior
(4,0%, frente a 14,8%).

Tabla 8: Nivel educativo (mayores de 5 años). Comparación

	Población nacional	Estado Bolívar	Población pemón
No sabe	2,8%	2,6%	2,9%
Ninguno	4,9%	4,4%	13,1%
Preescolar	2,9%	3,0%	3,7%
Primaria	31,0%	28,7%	44,8%
Secundaria	39,0%	41,9%	30,3%
Técnico Superior	4,7%	5,4%	1,2%
Universitario	14,8%	14,0%	4,0%

Por otra parte y traspasando las fronteras venezolanas, en Brasil el pueblo pemón es conocido como taurepang y se emplea preferentemente esta última denominación, aunque también se le conoce como taulipang, taurepangue o taulipangue. Las comunidades donde habitan se encuentran en la parte norte de la región de campos y sierras del estado de Roraima, en las tierras indígenas Raposa Serra do Sol y São Marcos. En estas tierras, son vecinos de otros pueblos indígenas: los makuxi, los ingarikó y los wapixana. En la tierra indígena Raposa Serra do Sol se encuentra una comunidad taurepang, mientras que en la de São Marcos se encuentran varias ubicadas en el norte. En esta última tierra indígena los wapixana se ubican mayoritariamente en la parte central y en el sector sur, mientras que los macuxi están dispersos por toda el área. Al compartir un mismo territorio, se registra un alto índice de matrimonios macuxi-wapixana, y un conjunto bastante menor de uniones macuxi-taurepang; en cuanto a las uniones wapixana-taurepang son muy raras, principalmente por la distancia geográfica entre ellos. En cuanto a la población del pueblo taurepang, para el 2010 se estimaba en 673 personas (Andrello 2013).

En cuanto respecta a Guyana cabe señalar que hasta comienzos del siglo XX las autoridades coloniales utilizaban indistintamente los términos 'indio' y 'aborigen' para referirse a los pueblos indígenas. Con el tiempo, ambos términos fueron desplazados por 'amerindio'. Así, el pueblo pemón es conocido como los amerindios del grupo lingüístico arekuna. Estos se localizan al oeste del país, mayormente al norte de la Sierra de Pacaraima, en la Aldea de Paruima. Para el 2002, la población se estimaba en 500 personas (Bulkan 2009, pág. 411).

3.4 Lengua

Los pemón hablan una lengua con el mismo nombre que el pueblo: el pemón. Esta es una lengua que pertenece a la familia lingüística caribe y se habla en

Venezuela, en Guyana y en Brasil. El código ISO 639–3 de esta legua es *aoc*[14]. En cuanto al estatus de la lengua, Eberhard et al. (2019) le asigna el nivel 6b, amenazada (*Threatened*), mientras que Moseley (2010) le asigna un nivel de vitalidad *vulnerable*; por su parte, Crevels (2012) la considera *potencialmente en peligro.*

Sobre la familia lingüística caribe, cabe señalar que históricamente se han registrado más de 100 lenguas de esta familia, aunque quizás solo la mitad representara lenguajes diferentes. Actualmente aún son habladas unas 25 lenguas caribe (Gildea 2012, pág. 441).

En lo que se refiere a la clasificación de la lengua pemón dentro del contexto de lenguas sudamericanas, en una de las clasificaciones más ampliamente utilizada Kaufman (1994) lo ubica dentro de la familia caribe, en la rama del norte del Amazonas, en el grupo Pemong, en el subgrupo Pemong propiamente dicho, señalando además que el pemón es casi mutuamente inteligible con las otras dos lenguas del subgrupo: el makushí y el kapón (Kaufman 1994, pág. 73). Esta clasificación puede verse en la figura 2.

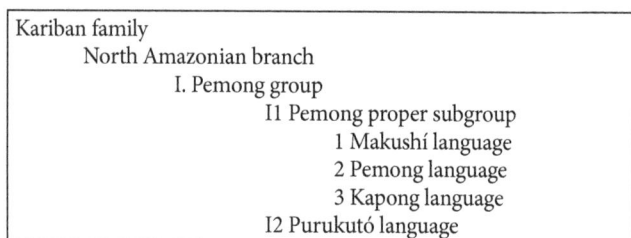

```
Kariban family
       North Amazonian branch
              I. Pemong group
                     I1 Pemong proper subgroup
                            1 Makushí language
                            2 Pemong language
                            3 Kapong language
                     I2 Purukutó language
```

Figura 2: Clasificación de la lengua pemón según Kaufman (1994)

Por su parte, en una clasificación más reciente (ver figura 3), Gildea (2012) continúa agrupando al pemón con el makushí y el kapón en el mismo subgrupo, aunque esta vez asocia el grupo con el panare, creando así un macro grupo pemón-panare (Gildea 2012, pág. 445).

---

14   https://www.ethnologue.com/language/aoc

```
Cariban family
     Venezuelan Branch
          Pemóng-Panare Macro-Group
               D. Pemóng Group (Kapóng [Akawaio, Patamuna, Ingarikó],
                  Makushi, Pemón [Taurepang, Kamarakóto, Arekuna])
               E. Panare
```

Figura 3: Clasificación de la lengua pemón según Gildea (2012)

La palabra "pemón" significa gente y el término se utiliza para designar a quienes pertenecen a este grupo étnico, diferenciándolos de otros grupos indígenas y de quienes no son indígenas (Thomas 1983, pág. 309). Según un autor cuya lengua materna es el pemón, la lengua se conserva sin mayores alteraciones lingüísticas, con la excepción de algunos individuos muy "criollizados", que evidencian que el español va ganando terreno entre la juventud escolarizada (Benavides 2000, pág. 493).

Tradicionalmente, se distinguen tres dialectos mutuamente inteligibles: el kamarakoto, el arekuna, y el taurepán (Thomas 1983, pág. 310). Sin embargo, y dadas las considerables similitudes entre el taurepán y el arekuna, Benavides (2000, pág. 494) considera que debe hablarse de solo dos variantes geográficas, el kamarakoto y el taurepán-arekuna, además, agregando el hecho de que el primero se ha ido aproximando al segundo en las últimas generaciones, lo que indica una convergencia de la lengua en los tiempos recientes.

En la figura 4 se muestra un mapa con el territorio que habitan los pemón en Venezuela, localizado en el sureste del país, junto a la frontera con Brasil y Guyana. En esta imagen se puede observar que los dialectos se ubican en territorios relativamente bien delimitados: si se traza una línea en dirección este-oeste (la línea trazada en la figura 4), a través del río Mauruk, afluente del Karuai, se encontraría que el arekuna se ubica al norte, el kamarakoto en el centro-oeste (en las zonas de Kamarata y Urimán) y el taurepán al sur (Thomas 1983, pág. 310).

Estos dialectos también pueden presentarse con nombres diferentes, a saber: kamarakoto (camaracoto), taurepán (taulipang, taurepa, taurepang) y arekuna (arecuna, aricuna, daigok, jarecouna, jaricuna, kamaragakok, pemon, pemóng, pishauco, potsawugok, purucoto) (Eberhard et al. 2019).

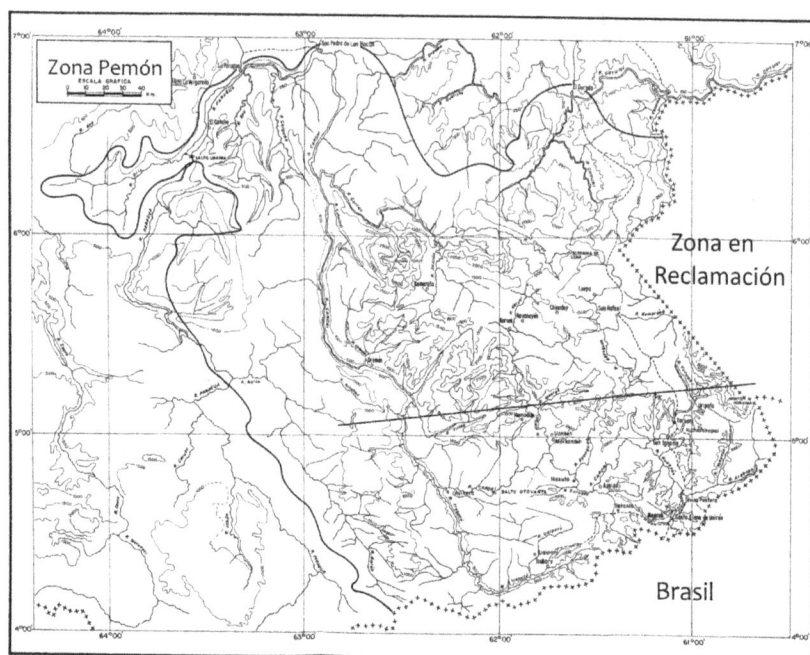

Figura 4: Zona pemón. Localización de dialectos. Tomado de Thomas (1983)

En la lengua pemón existe un diccionario, cuya primera versión fue publicado a mediados del siglo XX (véanse Armellada 1943; Armellada y Gutiérrez Salazar 1981), además de contar con un par de monografías sobre su gramática (véanse Armellada 1943; Armellada y Olza 1999; Gutiérrez Salazar 2012). A parte de estas referencias, son pocos los trabajos publicados sobre los diversos aspectos de la lengua (véanse, por ejemplo, Álvarez 2000, 2008; Romero Figueroa 2000; García Ferrer 2009). A pesar de estos trabajos lingüísticos, es muy reducido el número de publicaciones escritas directamente en esta lengua. A este respecto, durante el tiempo en que se realizó el presente estudio, varios maestros de la zona trabajaban en la traducción de lo que debía ser el primer manual escolar en lengua pemón.

3.5 Las comunidades del estudio

En Venezuela, donde se localiza la mayor parte de la población del pueblo pemón, la distribución de las comunidades en el territorio es heterogénea. En algunos casos, las comunidades se ubican en un contexto suburbano de fácil acceso, contando con carreteras asfaltadas y transporte público. En otros, las comunidades se localizan en un contexto rural de difícil acceso, dándose el caso de comunidades tan aisladas que cuentan solo con acceso fluvial o aéreo. En este mismo sentido varía la dotación de servicios públicos (como agua, luz, electricidad, etcétera) y el alcance de los medios de comunicación social. Es de hacer notar que, en general, la gran mayoría de las personas que habitan en las comunidades suelen ser indígenas.

A través de los datos del último censo realizado en Venezuela es difícil precisar el número de comunidades pemón. Dentro del estado Bolívar, se contabilizaron 323 centros poblados donde habitaba al menos un pemón, pero esto no implica que estos centros fueran comunidades indígenas. Si se consideran solo aquellos centros con 20 habitantes o más y donde al menos 50% de las personas se identificó como pemón, el censo de 2011 contó 167 centros poblados con estas características (INE 2013c).

A continuación, se describen las comunidades donde se llevó a cabo el estudio, todas ellas, localizadas en el municipio Gran Sabana del Estado Bolívar.

3.5.1 Chirikayén

La comunidad de Chirikayén está localizada a unos 50 km de Santa Elena de Uairén, la capital del municipio. Para llegar hasta allí, hay que seguir la carretera Santa Elena – Icabarú unos 40 km y luego desviarse por una camino de tierra que conduce a la comunidad tras otros 10 km. Dada la distancia y lo accidentado de las vías, se podría decir que la comunidad se inscribe dentro de un contexto rural de difícil acceso.

El censo de 2011 registró 291 habitantes en la comunidad, 99,3% de ellos se identificó como pemón. Además, 82,3% sabía leer y escribir y 39,8% acudía a algún centro de educación. En lo referente al nivel de educación 15,0% dijo no haber cursado ningún estudio, 8,3% dijo haber alcanzado el preescolar, 45,7% la primaria, 20,5% la secundaria, 0,4% un nivel técnico superior y 9,8% el nivel superior (INE 2013c).

Para el momento de la visita, según las informaciones del capitán, en la comunidad habitaban unas 475 personas. El lugar cuenta con una escuela hasta 6to grado y un módulo de la universidad de la región, donde imparten cursos de las especialidades Educación Intercultural Bilingüe y Educación Rural. La mayoría de las personas pertenecen a la iglesia Adventista del Séptimo Día.

En esta comunidad no existe un servicio continuo de energía eléctrica. Una planta de motor suple las necesidades durante un horario restringido, de 5 de la tarde a 10 de la noche.

3.5.2 Manak-Krü

La comunidad de Manak-Krü se encuentra aneja a la ciudad capital del municipio, Santa Elena de Uairén, conformando, de hecho, un barrio de esta. Para llegar, basta con seguir la calle Urdaneta, que pasa junto a la Plaza Bolívar (la plaza principal de la ciudad). Esto hace que se inscriba dentro de un contexto suburbano.

La comunidad fue fundada en 1936, cuando se instalaron en el lugar cuatro jóvenes matrimonios de internos e internas de la misión católica. Luego se sumaron otras familias, siguiendo un trazado original de dos calles paralelas, la calle Manak-Krü y la calle Makunaimü, en los lugares bajos de la quebrada Manak. Las calles fueron desarrollándose, a medida que, en la medida de las posibilidades, la misión católica fue levantando casas para los internos que concluían los estudios y se casaban (Torre Arranz 2013, pág. 74).

La denominación Manak-Krü está compuesta por dos términos indígenas: "Manak", senos, y "krü", monte; es decir, "monte de los senos", que viene del parecido del monte que está detrás del poblado con el busto femenino. Este monte también se conoce como el "Monte Calvario" (Torre Arranz 2013, pág. 254).

Al formar parte de la ciudad, el censo de 2011 no ofrece información específica. Según las informaciones del capitán de la comunidad, al momento de la visita, la población rondaba los 900 habitantes. La mayoría de los habitantes son católicos. En la comunidad se encuentra una escuela católica de Fe y Alegría. Poco antes de la entrada de Manak-Krü, está la catedral de Santa Elena de Uairén.

3.5.3 Maurak

La comunidad de Maurak se encuentra a unos 25 km de Santa Elena de Uairén. Para llegar a ella, desde la ciudad, hay que seguir unos 20 km por una carretera asfaltada que continúa luego de los terrenos del aeropuerto y luego continuar por una vía de tierra bastante accidentada. A pesar de ello, el acceso a la comunidad no es muy difícil y está conectada con el centro de la ciudad a través de autobuses cada día, lo que la inscribe dentro de un contexto rural de fácil acceso.

La comunidad fue fundada por indígenas adventistas que habían partido hacia Guyana luego del establecimiento de los monjes capuchinos. A los pocos años regresaron y se instalaron en Manak-Krü, pero desavenencias con los residentes (católicos) del lugar, les llevaron a fundar una nueva comunidad adventista (Torre Arranz 2013, pág. 266).

El censo de 2011 registró 697 habitantes en la comunidad, 80,2% de ellos se identificó como pemón. De estas personas, 87,0% sabía leer y escribir y 48,0% realizaba estudios en a algún centro de educación. En cuanto al nivel de educación 8,3% no había cursado ningún estudio, 4,7% dijo haber alcanzado el nivel preescolar, 28,7% la primaria, 46,0% la secundaria, 1,2% un nivel técnico superior y 9,1% el nivel superior (INE 2013c).

Para cuando se realizó la visita, según informaciones del capitán, la población rondaba los 700 habitantes, la mayoría de ellos perteneciente a la iglesia Adventista del Séptimo Día. En la comunidad se encuentra un templo de esta iglesia. Además, se encuentra una escuela, un liceo internado y un liceo técnico.

3.5.4 Paraitepuy de Roraima

La comunidad de Paraitepuy de Roraima se localiza a unos 75 km de Santa Elena de Uairén. Para llegar desde Santa Elena, hay que transitar la carretera de El Dorado (Troncal 10), unos 55 kilómetros, hasta San Francisco de Yuruaní, y luego tomar una ruta de tierra bastante accidentada unos 20 km. más. Dada la distancia y lo accidentado de las vías, se podría decir que la comunidad se inscribe dentro de un contexto rural de difícil acceso.

Los primeros pobladores de la comunidad llegaron hacia 1930, provenientes de Tekwonó, aunque se encuentran registros de esta desde 1911 (Torre Arranz 2013, pág. 268).

En los datos del censo de 2011 se registraron 348 habitantes en la comunidad, 99,1% de ellos se identificó como pemón. De estos 79,2% sabía leer y escribir, mientras que 29,5% estaba inscrito en algún centro de educación. En lo referente al nivel de educación 12,8% dijo no haber cursado ningún estudio, 9,0% dijo haber alcanzado el preescolar, 52,6% la primaria, 22,4% la secundaria, 0,6% un nivel técnico superior y 1,0% el nivel superior (INE 2013c).

Cuando se realizó la visita, según informaciones del capitán de la comunidad, en la comunidad habitaban unas 300 personas, la mayoría de ellos profesa la fe católica. En el lugar se encuentra una escuela que imparte clases hasta el 6to grado. Además de la iglesia católica, hay una pequeña casa-misión de los aspirantes a capuchinos. En esta comunidad no existe un servicio continuo de energía eléctrica. Una planta de motor suple las necesidades durante el horario nocturno.

3.5.5 San Antonio del Morichal

La comunidad de San Antonio del Morichal se encuentra a unos 9 km de la ciudad, Santa Elena de Uairén, siguiendo la carretera que lleva a Brasil y desviándose unos 2 km por una pista de tierra. Esto la inscribe dentro de un contexto rural de fácil acceso.

La comunidad nace a comienzos de los años 1960, particularmente a partir de 1962 cuando comienzan a sumarse más familias (Torre Arranz 2013, pág. 264–265).

En el censo de 2011 se registraron 335 habitantes en la comunidad, 93,7% de ellos se identificó como pemón. De estas personas, 85,8% dijo saber leer y escribir y 45,1% realizaba estudios en a algún centro de educación. En cuanto al nivel de educación 4,7% no había cursado ningún estudio, 8,8% dijo haber alcanzado el nivel preescolar, 42,4% la primaria, 35,9% la secundaria, 2,4% un nivel técnico superior y 3,7% el nivel superior (INE 2013c).

Al visitar el lugar, según informó el capitán de la comunidad, en San Antonio del Morichal la población rondaba los 250 habitantes, la mayoría de ellos católicos. En la comunidad se encuentra una escuela básica y una capilla católica.

3.5.6 San Ignacio de Yuruaní

La comunidad de San Ignacio de Yuruaní está ubicada junto a la carretera que conduce de El Dorado a Santa Elena de Uairén (Troncal 10), a unos 50 kilómetros antes de esta ciudad, en un territorio que pertenece al Parque Nacional Canaima. Estando junto a la carretera principal que une a la capital del municipio con el resto del país, se puede decir que la comunidad se encuentra en un contexto rural de fácil acceso.

Fue creada en 1969 para ubicar a un grupo de refugiados de la región de Rupununi, sur de Guyana, que se habían levantado en contra de su gobierno central. Como la región de Rupununi se localiza dentro de una zona que Venezuela reclama como suya, se les recibió como nacionales y se les ubicó en diversas partes. Yuruaní es el río que surca la región y significa en pemón "río donde existe la especie vegetal llamada cerbatana", de "yuruak", cerbatana, y "ni", río (Torre Arranz 2013, pág. 259–260). Seguramente debido a este origen, en esta comunidad es frecuente el uso del inglés y, en menor medida, del portugués.

El censo de 2011 registró 319 habitantes en la comunidad, 66,6% de ellos se identificó como pemón, en tanto que 8,2% se declaró perteneciente a otro grupo indígena (casi todos makushí). Sobre el nivel de alfabetismo, 86,9% sabía leer y escribir, mientras que 38,8% acudía a algún centro de educación. En cuanto al nivel de educación 6,0% dijo no haber cursado ningún estudio, 5,5% dijo haber alcanzado el preescolar, 34,4% la primaria, 30,1% la secundaria, 6,0% un nivel técnico superior y 17,5% el nivel superior (INE 2013c).

Al momento de visitar la comunidad, la capitana informó que esta cuenta unos 400 habitantes, la mayoría de los cuales trabaja en la comunidad. En la comunidad funciona una escuela primaria.

3.5.7 Santo Domingo de Turacén

La comunidad de Santo Domingo de Turacén, o simplemente Turacén como la denominan frecuentemente sus habitantes, está ubicada en el municipio Gran Sabana del Estado Bolívar. Se encuentra a unos 20 km de la capital del municipio, Santa Elena de Uairén, al borde de una carretera asfaltada que continúa luego de los terrenos del aeropuerto. Así, el acceso a la comunidad no presenta dificultades y está conectada con el centro de la ciudad a través de autobuses regulares.

En el censo de 2011 se registraron 179 habitantes en la comunidad, 81,0% de ellos se identificó como pemón, mientras que 9,5 se identificó como indígena perteneciente a otro grupo (la mayoría makushí). De estas personas, 72,8% sabía leer y escribir, en tanto que 54,4% realizaba estudios en a algún centro de educación. Sobre el nivel de educación 26,4% no había cursado ningún estudio, 4,0% dijo haber alcanzado el nivel preescolar, 34,4% la primaria, 30,4% la secundaria, 0,8% un nivel técnico superior y 3,2% el nivel superior (INE 2013c).

La comunidad alberga unas 50 casas, la mayoría construida en colectivo, siguiendo los planos y los materiales aportados por el gobierno central en los años 2000. Al momento de realizar la visita, la población rondaba los 400 habitantes, según informaciones del capitán de la comunidad. La mayoría de las personas pertenece a la iglesia Adventista del Séptimo Día, cuyo culto se celebra en la escuela de la comunidad.

3.5.8 San José de Wará

La comunidad de San José de Wará se extiende por los bordes de la ciudad, Santa Elena de Uairén, por los lados del terminal de autobuses. Prácticamente, constituye uno de los distintos barrios de la ciudad, lo que la inscribe dentro de un contexto urbano.

La comunidad ya existía como caserío a comienzos del siglo XX, ya que registros de bautizos de 1931, hacen constar la presencia de varios niños nacidos allí. El nombre viene del río que se encuentra a su proximidad, afluente del Uairén. En pemón, Wará significa "lugar de orografía muy quebrada", con muchos altos y bajos, a modo de una arruga (Torre Arranz 2013, pág. 257).

Los resultados del censo de 2011 registraron 316 habitantes en la comunidad, 93,7% de ellos se identificó como pemón. Entre estos, 81,4% sabía leer y escribir y 49,1% cursaba estudios en a algún centro de educación. En lo referente al nivel de educación 12,6% no había cursado ningún estudio, 8,6% dijo haber alcanzado el nivel preescolar, 41,6% la primaria, 33,8% la secundaria, 0,0% un nivel técnico superior y 3,0% el nivel superior (INE 2013c).

Según informaciones de la capitana de la comunidad, al momento de la visita, la población rondaba los 800 habitantes, repartidos en 4 sectores. El estudio se llevó a cabo en solo dos de estos sectores, mismos que comprenden una población de cerca de 430 habitantes. La mayoría de las personas son católicas. En la comunidad se encuentran una escuela y un liceo hasta noveno año, en tanto que no se encuentra ninguna iglesia.

3.5.9 Waramasén

La comunidad de Waramasén se encuentra a unos 45 km de la capital del municipio, Santa Elena de Uairén. Para llegar a ella, desde la ciudad, hay que seguir unos 35 km por una carretera asfaltada y luego continuar por una vía de tierra bastante accidentada. A pesar de ello, el acceso a la comunidad no es muy difícil y está conectada con el centro de la ciudad a través de un transporte colectivo de funcionamiento irregular, lo que la inscribe dentro de un contexto rural de fácil acceso.

El censo de 2011 registró 698 habitantes en la comunidad, 94,8% de ellos se identificó como pemón. De estas personas, 84,2% sabía leer y escribir y 47,7% cursaba estudios en a algún centro de educación. En cuanto al nivel de educación 14,0% no había cursado ningún estudio, 6,0% dijo haber alcanzado el nivel preescolar, 34,2% la primaria, 35,2% la secundaria, 1,3% un nivel técnico superior y 6,5% el nivel superior (INE 2013c).

Al visitar la comunidad, según informaciones del capitán, la población rondaba los 900 habitantes, la mayoría de ellos perteneciente a la iglesia Adventista del Séptimo Día. En la comunidad se encuentra un templo de esta iglesia, además de una escuela y un liceo.

4 Metodología

Para conocer la vitalidad de la lengua pemón se realizó un trabajo de campo en varias comunidades indígenas de Venezuela. La metodología siguió las consideraciones y lineamientos de Roland Terborg y Laura García Landa en el volumen que ellos dedicaron a la evaluación del proceso desplazamiento-mantenimiento de las lenguas indígenas de México (Terborg y García Landa 2011). Se construyó un cuestionario, basándose en el modelo de estos autores, haciendo algunas modificaciones para adaptarlo al caso venezolano.

El cuestionario se aplicó oralmente, en español, visitando las casas de cada una de las comunidades. Luego de explicar el objetivo de la investigación y de obtener la autorización de las autoridades de cada comunidad (en todos los casos se solicitó el permiso a los dirigentes de la asamblea comunitaria correspondiente), se recorrieron las calles de la comunidad y en cada casa se preguntaba sobre la disponibilidad de la persona presente en ese momento para responder al cuestionario. En caso afirmativo, se procedía a la realización de las preguntas. En caso contrario, se intentaba en la próxima residencia.

El registro de la información se realizó, a la vez, de manera directa e indirecta. Es decir, primero se aplicaba el cuestionario a una persona y se le formulaban todas las preguntas. Luego, se le pedía a esta misma persona que respondiera las mismas preguntas, salvo aquellas referentes a las de actitudes personales, considerando a alguna otra persona que habitara en el hogar. En el caso de que más de una persona se encontrara disponible para responder, se realizaba una nueva aplicación del cuestionario.

El contenido de las preguntas se centraba en el conocimiento de la lengua indígena y del español, así como en el uso de estas lenguas. Se preguntó acerca de los conocimientos lingüísticos de cada hablante, basados en la evaluación subjetiva de los informantes (Terborg y García Landa 2011).

El cuestionario se dividió en 7 puntos:

1. Datos de identificación personal
2. Edad
3. Conocimiento lingüístico:
   a. Lengua indígena/español
   b. Legua de uso en el hogar
   c. Dominios de uso
4. Escolaridad y formación
5. Medios de comunicación

6. Actitudes

7. Migración

Los datos de identificación personal (nombres, apellidos y dirección) fueron obviados ya que en los primeros encuentros se evidenció que esta información significaba una barrera en el establecimiento de la relación de confianza con el entrevistado.

El conocimiento lingüístico (a través de las preguntas: ¿Habla pemón? y ¿Habla español?) fue registrado según cuatro niveles posibles de respuesta: sí, poco, solo entiende y no.

En el caso de que la persona manejara más de una lengua, se le preguntó, además, por la lengua de uso en el hogar según la edad de la persona con quien se hablara (formulando la pregunta: Cuando está en casa ¿cómo habla con...?). Se diferenciaron cuatro grupos de interlocutores: los niños (hasta 12 años), los adolescentes (de 13 a 18 años), los adultos (de 19 a 60 años) y los ancianos (a partir de 61 años). Las respuestas posibles eran: pemón, español o ambas.

Seguidamente, siempre que la persona manejara más de una lengua, se preguntó sobre la lengua que esta persona utilizaba en cada uno de los siete diferentes dominios considerados: la familia, los amigos, la tienda, la escuela, la iglesia, la asamblea comunitaria y en las relaciones con el Estado. Al igual que en el caso anterior, las preguntas (¿Cómo habla con.../cuando está en...?) aceptaban como respuestas posibles: pemón, español o ambas. Cabe señalar que se encontraron personas que hablaban inglés o portugués. Estas respuestas se registraron pero no se tomaron en cuenta para el análisis debido a la baja frecuencia de los casos.

Luego se preguntó sobre el nivel de escolaridad (en curso o el último año cursado) y si la persona sabía leer y escribir, tanto en pemón como en español.

Las preguntas sobre los medios de comunicación se referían a si la persona tenía radio y/o televisión y si alguna vez habían escuchado o visto algún programa en lengua indígena, además de si le gustaría que los medios utilizaran el pemón.

Luego se realizaron algunas preguntas abiertas orientadas a conocer las actitudes hacia la lengua indígena. Las preguntas fueron:

a) ¿Qué lengua considera que debe enseñarse a los niños?

b) ¿Cree que el pemón es de igual importancia que el español?

c) ¿Cree que el pemón debe enseñarse en la escuela?

d) ¿Alguna vez ha tenido pena de hablar pemón? ¿Con quién o en dónde?

e) ¿Cree que el pemón pueda desaparecer algún día? ¿Por qué?

f) ¿Qué dicen los otros del pemón?

Finalmente, se preguntó si la persona había vivido o trabajado fuera de la zona donde se aplicó el cuestionario.

Para analizar los resultados se dividieron los resultados considerando las siguientes variables independientes: comunidad, edad y género.

5 Resultados

En este aparte se detallarán los resultados obtenidos a partir de la aplicación del cuestionario antes descrito. En primer lugar, se describirán las características de la muestra consultada. El número de personas se mostrará según el género, la edad y la comunidad a la cual pertenecen. Luego, en dos partes separadas, se presentarán los resultados correspondientes a los elementos cuantitativos del cuestionario, a saber, aquellos elementos que se refieren al conocimiento y uso de las lenguas, y seguidamente, los resultados de la parte cualitativa, es decir, aquellos correspondientes a las preguntas abiertas orientadas a explorar las actitudes lingüísticas.

5.1 Características de la muestra

La muestra quedó constituida por 1016 personas habitantes de nueve comunidades indígenas pertenecientes al pueblo pemón. La composición de esta muestra puede ser observada en la tabla 9 donde, además, se presenta la distribución según el género y la edad. Para facilitar la comprensión de los resultados, las edades fueron agrupadas en 5 categorías: menos de 12 años, de 12 a 19 años, de 20 a 35 años, de 36 a 49 años y mayores de 50 años.

Tabla 9: Frecuencia por género y grupos de edad

Grupos de edad	Femenino	Masculino	Total
menos de 12	62	58	120
12–19	92	92	184
20–35	197	178	375
36–49	96	84	180
50 o más	80	77	157
Total	527	489	1016

La investigación se realizó en nueve comunidades indígenas del municipio Gran Sabana del Estado Bolívar, localizado al sureste de Venezuela. El cuestionario se aplicó en las comunidades indígenas Chirikayén, Manak-Krü, Maurak, Paraitepuy de Roraima, San Antonio del Morichal, San Ignacio de Yuruaní, Santo Domingo de Turacén, San José de Wará y Waramasén.

En las siguientes tablas se presenta la composición de la muestra dividida según la comunidad donde reside el encuestado. Por razones de espacio cada tabla contiene la información correspondiente a un grupo de tres comunidades. En cada tabla se indica igualmente la distribución según los grupos de edad y el género de los encuestados.

En la tabla 10 se puede observar la composición de la muestra en las comunidades Chirikayén, Manak-Krü y Maurak. La tabla 11 presenta la distribución correspondiente a las comunidades Paraitepuy de Roraima, San Antonio del Morichal y San Ignacio de Yuruaní. Finalmente, la tabla 12 presenta la composición de la muestra de las comunidades Santo Domingo de Turacén, San José de Wará y Waramasén.

Tabla 10: Frecuencia por género y grupos de edad según la comunidad: Chirikayén, Manak-Krü y Maurak

	Chirikayén			Manak-Krü			Maurak		
Grupos de edad	F	M	Total	F	M	Total	F	M	Total
menos de 12	9	14	23	7	6	13	4	6	10
12–19	7	6	13	11	11	22	20	21	41
20–35	19	23	42	42	33	75	36	37	73
36–49	5	7	12	12	9	21	29	22	51
50 o más	7	9	16	16	8	24	16	21	37
Total	47	59	106	88	67	155	105	107	212

Tabla 11: Frecuencia por género y grupos de edad según la comunidad: Paraitepuy de Roraima, San Antonio del Morichal y San Ignacio de Yuruaní

	Paraitepuy de Roraima			San Antonio del Morichal			San Ignacio de Yuruaní		
Grupos de edad	F	M	Total	F	M	Total	F	M	Total
menos de 12	0	2	2	3	7	10	5	13	18
12–19	2	3	5	13	8	21	6	8	14
20–35	7	12	19	24	14	38	15	15	30
36–49	4	6	10	9	5	14	10	9	19
50 o más	6	7	13	7	6	13	10	5	15
Total	19	30	49	56	40	96	46	50	96

Tabla 12: Frecuencia por género y grupos de edad según la comunidad: Santo Domingo de Turacén, San José de Wará y Waramasén

	Santo Domingo de Turacén			San José de Wará			Waramasén		
Grupos de edad	**F**	**M**	**Total**	**F**	**M**	**Total**	**F**	**M**	**Total**
menos de 12	14	6	**20**	15	3	**18**	5	1	**6**
12–19	11	12	**23**	11	12	**23**	11	11	**22**
20–35	14	12	**26**	23	17	**40**	17	15	**32**
36–49	5	8	**13**	15	12	**27**	7	6	**13**
50 o más	4	6	**10**	5	3	**8**	9	12	**21**
Total	**48**	**44**	**92**	**69**	**47**	**116**	**49**	**45**	**94**

Pasando a otro aspecto importante, la tabla 13 muestra el nivel de escolaridad. De un lado se presenta la información de aquellas personas que aún cursaban estudios y en el otro aquellos que ya no acudían a ningún centro educativo. En ambos casos los resultados se presentan distinguiendo el género de los entrevistados. En la primera parte de la tabla, en el área correspondiente a la escolaridad en curso, aparecen 22 casos "sin escolaridad". Esto corresponde a niños escolarizados, pero aún en el nivel preescolar.

Tabla 13: Escolaridad en curso y escolaridad completada. Frecuencia y porcentaje del total

	Escolaridad en curso			Escolaridad completa		
	Femenino	**Masculino**	**Total**	**Femenino**	**Masculino**	**Total**
primaria	56	47	**103**	115	98	**213**
	21,1%	17,7%	**38,7%**	15,7%	13,4%	**29,1%**
secundaria	44	55	**99**	196	182	**378**
	16,5%	20,7%	**37,2%**	26,8%	24,9%	**51,6%**
superior	17	25	**42**	43	48	**91**
	6,4%	9,4%	**15,8%**	5,9%	6,6%	**12,4%**
sin escolaridad	12	10	**22**	33	17	**50**
	4,5%	3,8%	**8,3%**	4,5%	2,3%	**6,8%**
Total	**129**	**137**	**266**	**387**	**345**	**732**
	48,5%	**51,5%**	**100,0%**	**52,9%**	**47,1%**	**100,0%**

Se observa que casi las tres cuartas partes de las personas encuestadas (732) ya habían finalizado su período de estudios. Dentro de estos, más de la mitad había alcanzado algún nivel dentro de la educación secundaria (51,6%).

En la tabla 14 se observa la distribución a la pregunta "¿Sabe leer y escribir?", tanto en español como en pemón. Se presentan los resultados para ambas lenguas con las respuestas posibles: sí, poco, casi no y no. Los resultados que se muestran excluyen los correspondientes a los niños menores de 6 años, ya que se puede suponer que aún no se inician en el aprendizaje de la lectura y escritura.

Tabla 14: Sabe leer y escribir. Frecuencia y porcentaje del total

	Pemón			Español		
	Femenino	Masculino	Total	Femenino	Masculino	Total
sí	170	179	**349**	434	425	**859**
	17,3%	18,2%	**35,4%**	43,9%	43,0%	**86,9%**
poco	73	68	**141**	41	31	**72**
	7,4%	6,9%	**14,3%**	4,1%	3,1%	**7,3%**
casi no	51	42	**93**	6	5	**11**
	5,2%	4,3%	**9,4%**	0,6%	0,5%	**1,1%**
no	218	184	**402**	32	15	**47**
	22,1%	18,7%	**40,8%**	3,2%	1,5%	**4,8%**
Total	**512**	**473**	**985**	**513**	**476**	**989**
	52,0%	**48,0%**	**100,0%**	**51,9%**	**48,1%**	**100,0%**

Se observa que la proporción de personas que saben leer y escribir en español (86,9%) es mucho mayor que en pemón (35,4%), sin haber mayores diferencias entre géneros. Así, es mayor el número de personas que dicen no saber ni escribir en pemón (40,8%) que las que responden afirmativamente. Es interesante que casi la cuarta parte responde saber "un poco" (14,3%) o "casi no" (9,4%) en pemón.

En cuanto a las preguntas referentes a los medios de comunicación, la tabla 15 muestra los resultados a estas preguntas. Se observa que 84,1% posee radio y 90,7% televisión. A la pregunta "¿Ha escuchado alguna vez un programa de radio en pemón?", 75,2% respondió afirmativamente, en la mayoría de los casos refiriéndose a un programa en la radio local producido y conducido por un pemón. A la pregunta "¿Ha visto alguna vez un programa de televisión en pemón?",

12,7% respondió que sí, casi siempre haciendo referencia a un único programa (unitario), perteneciente a una serie de pueblos indígenas venezolanos, que trataba sobre los pemón.

Tabla 15: Medios de comunicación

¿Tiene radio?	84,1%
¿Tiene televisión?	90,7%
¿Ha escuchado alguna vez un programa de radio en pemón?	75,2%
¿Ha visto alguna vez un programa de televisión en pemón?	12,7%

En lo que respecta a la migración, solo 8,4% dijo haber vivido en otro lugar (en las respuestas se mezclan las razones laborales y de estudio). De estos, la gran mayoría realizó los desplazamientos dentro del mismo estado (en Ciudad Bolívar y en Puerto Ordaz, las principales ciudades).

5.2 Resultados cuantitativos

En esta sección se muestran los resultados cuantitativos, es decir, los resultados de la primera parte del cuestionario, correspondientes a la competencia lingüística, el bilingüismo, la lengua de uso en el hogar según la edad del interlocutor y la lengua de uso en los diferentes dominios considerados. En todos los casos, primero se mostrarán los resultados generales y luego los resultados agrupados según la comunidad, los grupos de edad y el género.

5.2.1 Competencia lingüística

En cuanto a la competencia lingüística, poco más de las dos terceras partes de la muestra (68,9%) dijo poseer un buen nivel en la lengua indígena; asimismo, las tres cuartas partes (74,6%) dijo tener un buen dominio en español. Se observa este resultado en el gráfico 2. Como se puede observar, una escasa proporción de los encuestados dijo tener bajo nivel en la lengua indígena (3,5%), mientras que 13,4% solo la entiende y el 14,2% no habla nada. En cuanto al español, 14,7% lo habla poco, 9,2% solo lo entiende y apenas 1,5% no lo habla en absoluto.

Competencia lingüística

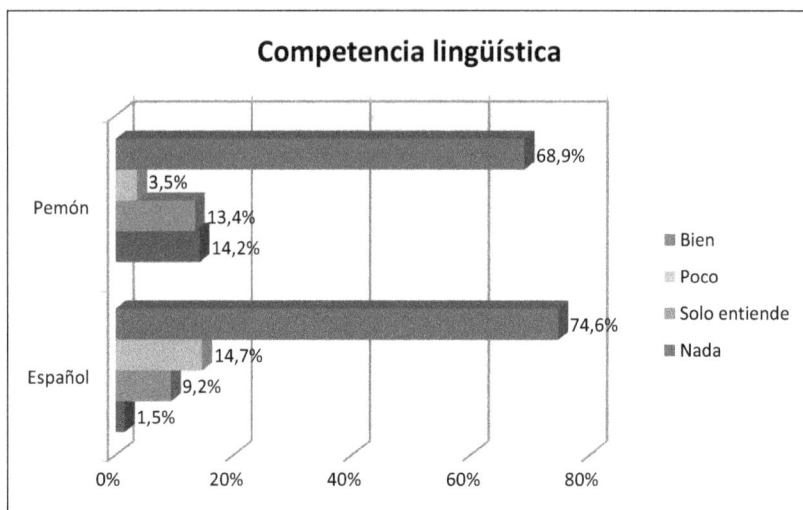

Gráfico 2: Competencia lingüística

5.2.1.1 Competencia lingüística por comunidad

La competencia lingüística varía considerablemente si se observan los resultados según la comunidad donde fueron recogidas las informaciones. En el caso de la competencia en la lengua indígena, como se ve en la tabla 16, las proporciones pueden ir desde un 32,3% (en San Ignacio de Yuruaní) hasta un 100% (en Paraitepuy de Roraima).

Tabla 16. Competencia lingüística en pemón

	Bien	Poco	Solo entiende	Nada
Chirikayén	95,3%	0,9%	1,9%	1,9%
Manak-Krü	40,0%	0,6%	35,5%	23,9%
Maurak	92,0%	3,8%	2,4%	1,9%
Paraitepuy de Roraima	100,0%			
San Antonio del Morichal	45,8%	4,2%	31,3%	18,8%
San Ignacio de Yuruaní	32,3%	5,2%	12,5%	50,0%
Santo Domingo de Turacén	84,8%	8,7%	5,4%	1,1%
San José de Wará	48,3%	5,2%	18,1%	28,4%
Waramasén	89,5%	3,2%	6,3%	1,1%
Total	**68,9%**	**3,5%**	**13,4%**	**14,2%**

La misma variedad se observa en la competencia en español. Como se muestra en la tabla 17, las proporciones van del 39,6% (en Chirikayén) hasta el 98,7% (en Manak-Krü).

Tabla 17: Competencia lingüística en español

	Bien	**Poco**	**Solo entiende**	**Nada**
Chirikayén	39,6%	22,6%	29,2%	8,5%
Manak-Krü	98,7%	1,3%		
Maurak	67,9%	24,1%	8,0%	
Paraitepuy de Roraima	28,6%	22,4%	40,8%	8,2%
San Antonio del Morichal	97,9%	1,0%		1,0%
San Ignacio de Yuruaní	93,8%	4,2%	2,1%	
Santo Domingo de Turacén	51,1%	40,2%	8,7%	
San José de Wará	96,6%		3,4%	
Waramasén	66,3%	20,0%	12,6%	1,1%
Total	**74,6%**	**14,7%**	**9,2%**	**1,5%**

Para contrastar estas diferencias, el gráfico 3 muestra la competencia lingüística en ambas lenguas, pemón y español. En este gráfico se observan las proporciones de respuestas correspondientes a un buen nivel en cada lengua ("bien pemón" y "bien español").

Este gráfico muestra las grandes diferencias entre las comunidades en cuanto a la competencia lingüística. Por un lado, están las comunidades donde se registró una mayor competencia en lengua indígena: Chirikayén (95,3% en pemón, frente a 39,6% en español), Maurak (92,0% frente a 67,9%), Paraitepuy de Roraima (100% frente a 28,6%), Santo Domingo de Turacén (84,8% frente a 51,1%) y Waramasén (89,5% frente a 66,3%). Por otro lado, están las comunidades en las que la mayor competencia corresponde al español: Manak-Krü (40,0% en pemón, frente a 98,7% en español), San Antonio del Morichal (45,8% frente a 97,9%), San Ignacio de Yuruaní (32,3% frente a 93,8%) y San José de Wará (48,3% frente a 96,6%).

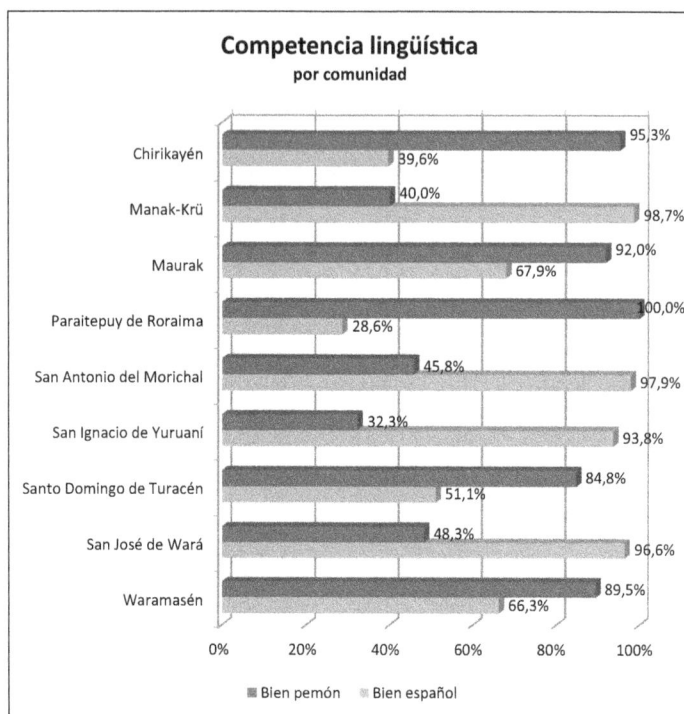

Gráfico 3: Competencia lingüística por comunidad

5.2.1.2 Competencia lingüística por grupos de edad

Si se consideran los resultados según la edad de los encuestados, se observa que la competencia en la lengua indígena es mayor a medida que se avanza en el grupo de edad, como se muestra en el gráfico 4. Así, el buen nivel en pemón es 40%, en el grupo de los menores de 12 años, 58,2% en el grupo de 12 a 19 años, 66,1% en el de 20 a 35 años, 82,8 % en el de 36 a 49 años y, finalmente, 94,3%, en el grupo de los mayores de 50 años.

Por su parte, la competencia en español es menor a medida que aumenta el grupo de edad. Teniendo en cuenta que entre los menores de 12 años esta competencia es inferior a la de la categoría siguiente. Entre los menores de 12 años la proporción es 67,5% y 82,1% en los grupos entre 12 y 19 años y el grupo siguiente, entre 20 y 35 años. La proporción es similar en el grupo entre 36 y 49 años (82,8%) y es menor en el grupo de los mayores de 50 años (55,4%).

Competencia lingüística
por grupos de edad

Grupos de edad	Bien pemón	Bien español
menos de 12	40,0%	67,5%
12-19	58,2%	82,1%
20-35	66,1%	82,1%
36-49	82,8%	73,3%
50 o más	94,3%	55,4%

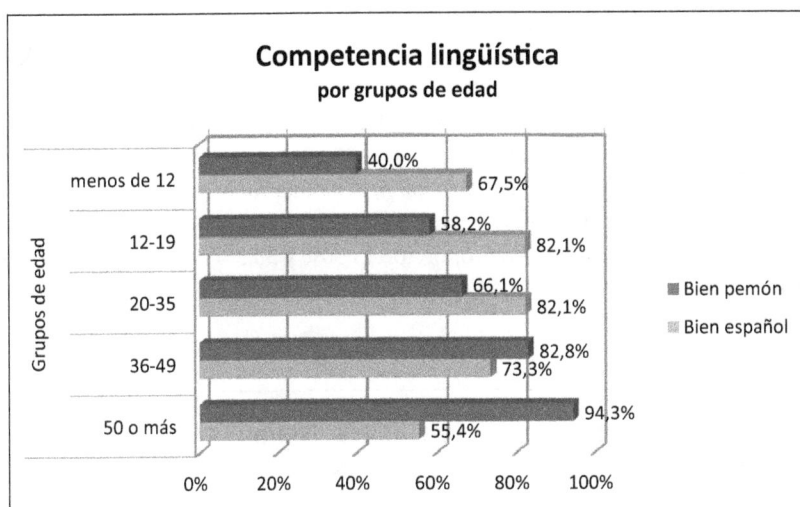

Gráfico 4: Competencia lingüística por grupos de edad

Como ya se ha visto, las diferencias en la competencia lingüística entre las diversas comunidades son bastante importantes, por ello, en las siguientes figuras (del gráfico 5 al gráfico 13) se muestran los resultados según los grupos de edad en cada una de las comunidades.

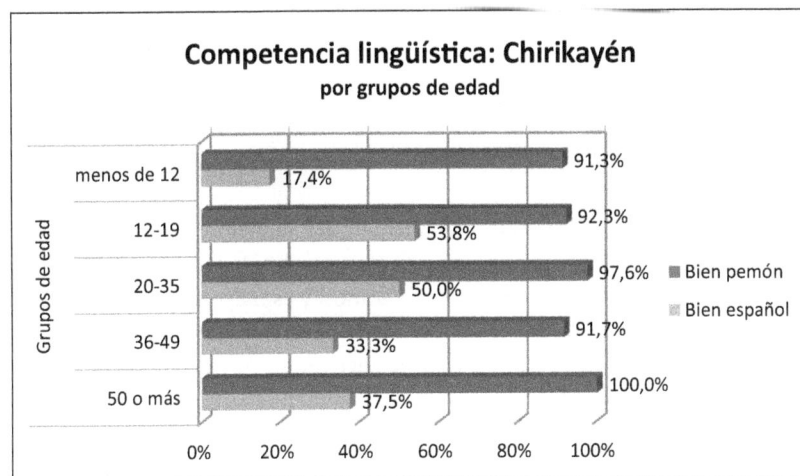

Competencia lingüística: Chirikayén
por grupos de edad

Grupos de edad	Bien pemón	Bien español
menos de 12	91,3%	17,4%
12-19	92,3%	53,8%
20-35	97,6%	50,0%
36-49	91,7%	33,3%
50 o más	100,0%	37,5%

Gráfico 5: Competencia lingüística: Chirikayén (edad)

En la comunidad de Chirikayén (gráfico 5) se puede observar una muy alta competencia en la lengua indígena en todos los grupos de edad. En todos los casos los valores sobrepasan el 90%. La proporción es 91,3% en el grupo de los menores de 12 años, y luego 92,3% (de 12 a 19 años), 97,6% (de 20 a 35 años), 91,7% y 100% en el grupo de los mayores de 50 años.

En cuanto a la competencia en español, el resultado es irregular. En los más jóvenes (menores de 12 años), la proporción es 17,4% y 53,8% en la categoría siguiente (de 12 a 19 años). La proporción es 50% y 33,3% en los dos siguientes grupos (de 20 a 35 y de 36 a 49 años) y, finalmente, 37,5% en los mayores de 50 años.

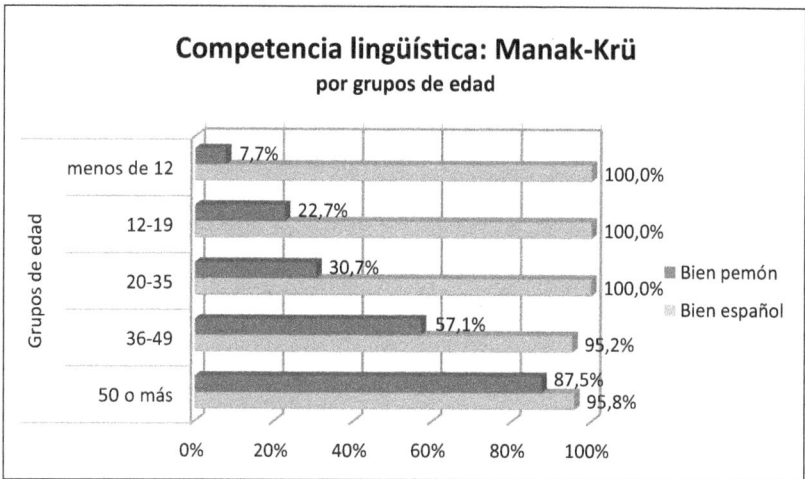

Gráfico 6: Competencia lingüística: Manak-Krü (edad)

En la comunidad de Manak-Krü (gráfico 6), la competencia en la lengua indígena es mayor a medida que se avanza en el grupo de edad. La proporción es de un 7,7%, en el grupo de los menores de 12 años, y es mayor en cada uno de los grupos siguientes (22,7%, 30,7% y 57,1%) y 87,5% en los mayores de 50 años. Es de hacer notar que todas las categorías se encuentran por debajo de los valores medios del total de la población.

En cambio, la competencia en español es prácticamente absoluta. En cada grupo se registraron valores sobre el 95%, siendo la proporción de 100% en los tres primeros grupos de edad.

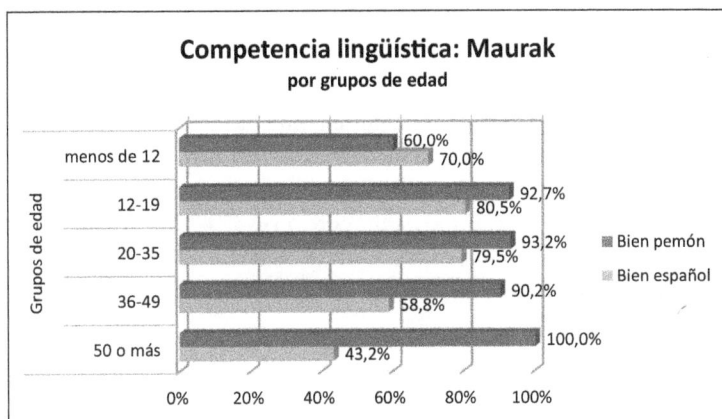

Gráfico 7: Competencia lingüística: Maurak (edad)

En la comunidad de Maurak, como se observa en el gráfico 7, la competencia en la lengua indígena está por sobre 90% en todos los grupos de edad, salvo en el grupo de los menores de 12 años que es 60%. En los siguientes grupos se registró 92,7%, 93,2%, 90,2% y 100%, respectivamente.

La competencia en español, alcanza 70% en el grupo de los menores de 12 años y es aún mayor, 80,5%, en el grupo siguiente (de 12 a 19 años). En los grupos restantes esta proporción es cada vez menor: 79,5% (de 20 a 35 años), 58,8% (de 36 a 49 años) y 43,2% en el grupo de los mayores de 50 años.

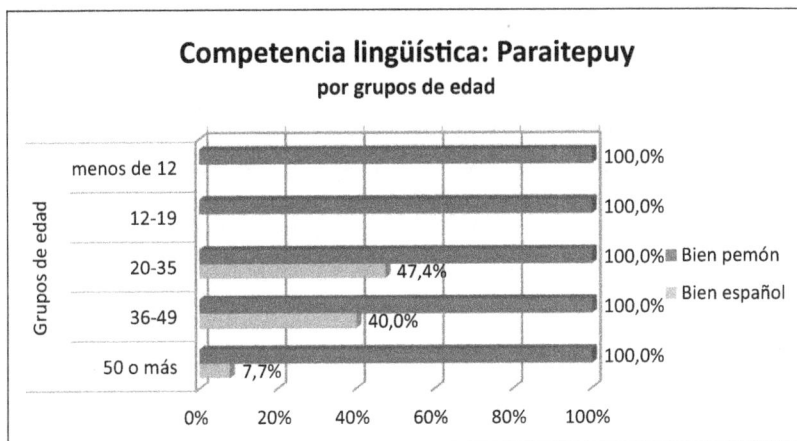

Gráfico 8: Competencia lingüística: Paraitepuy (edad)

En la comunidad de Paraitepuy de Roraima (gráfico 8), la competencia en la lengua indígena es absoluta. En cada grupo de edad se encontró una proporción del 100%.

En cuanto a la competencia en español, en ninguno de los menores de 19 años se registró un buen nivel (hay que matizar este dato recordando que, como se mostró antes, la frecuencia en estos dos primeros grupos es de 2 y 5, respectivamente). En el grupo de 20 a 35 años la proporción es 47,4%, en el grupo siguiente 40,0% (de 36 a 49 años) y 7,7% en los mayores de 50 años. Es de hacer notar que estos valores registrados se encuentran bastante por debajo de la media total para las categorías.

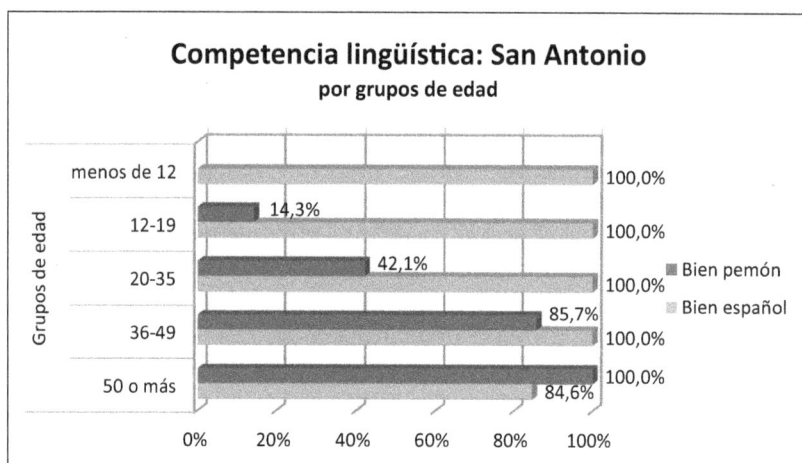

Gráfico 9: Competencia lingüística: San Antonio (edad)

En la comunidad de San Antonio del Morichal (gráfico 9), la competencia en la lengua indígena es baja (con respecto a la media) entre los más jóvenes. Si bien la competencia es mayor a medida que se avanza en grupos de edad, en ninguno de los encuestados menores de 12 se registró un buen nivel. La proporción es 14,3% en el grupo entre 12 y 19 años y 42,1% en el grupo entre 20 y 35 años. Luego, se registró 85,7% (de 36 a 49 años) y 100% en los dos últimos grupos.

En cambio, la competencia en español es casi absoluta. En cada categoría se registraron valores del 100%, salvo en el grupo de los mayores de 50 años, donde se registró 84,6%.

Competencia lingüística: San Ignacio
por grupos de edad

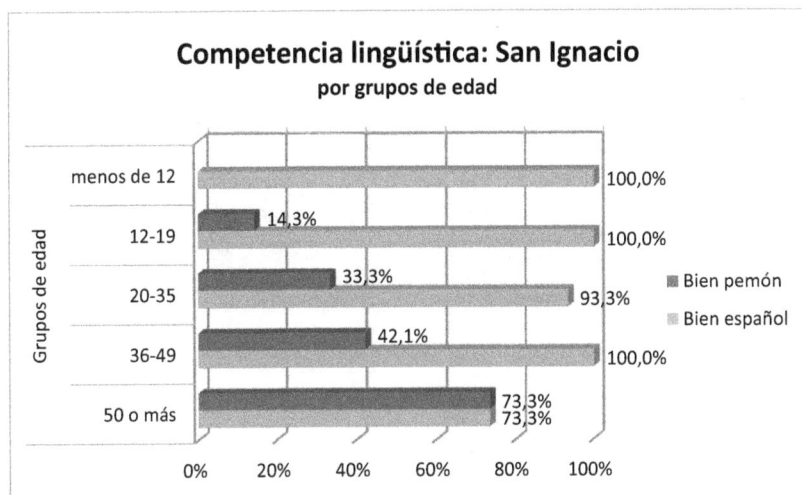

Gráfico 10: Competencia lingüística: San Ignacio (edad)

En la comunidad de San Ignacio de Yuruaní (gráfico 10), la competencia en la lengua indígena es baja (con respecto a la media) en todas las categorías. Si bien la competencia es mayor a medida que se avanza en grupos de edad, en ninguno de los encuestados menores de 12 se registró un buen nivel. En el grupo entre 12 y 19 años la proporción es 14,3%; este valor es cada vez mayor en los siguientes grupos: 33,3% (de 20 a 35 años), 42,1% (de 36 a 49 años) y 73,3% en el grupo de los mayores de 50 años.

La competencia en español, como en el caso de la comunidad anterior, es casi absoluta. Solo dos grupos, el de 20 a 35 años (con 93,3%) y en el de los mayores de 50 años (con 73,3%), muestran valores inferiores al 100%.

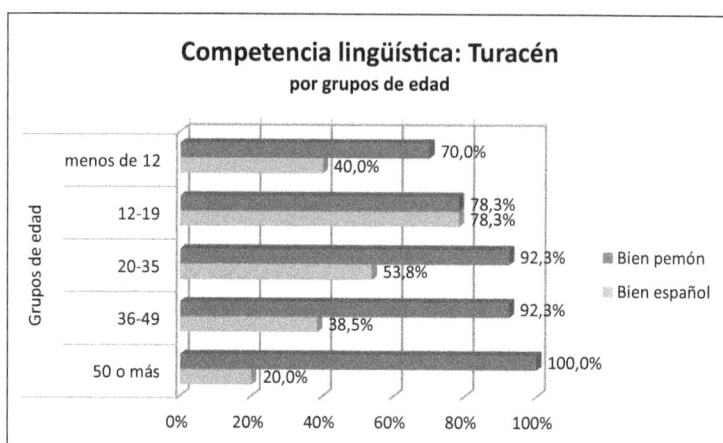

Gráfico 11: Competencia lingüística: Turacén (edad)

En la comunidad de Santo Domingo de Turacén, como se aprecia en el gráfico 11, la competencia en la lengua indígena es alta y es cada vez mayor a medida que se avanza en el grupo de edad. En los menores de 12 años la proporción es 70%, y es mayor en los siguientes grupos: 78,3% (de 12 a 19 años), 92,3% (en ambos grupos, de 20 a 35 años y de 36 a 49 años) y 100% en el grupo de los mayores de 50 años.

La competencia en español es 40% en los menores de 12 años y 78,3%, en la siguiente categoría (de 12 a 19 años). Luego, la proporción es menor según aumenta el grupo de edad: 53,8% (de 20 a 35 años), 38,5% (de 36 a 49 años) y 20% (mayores de 50 años).

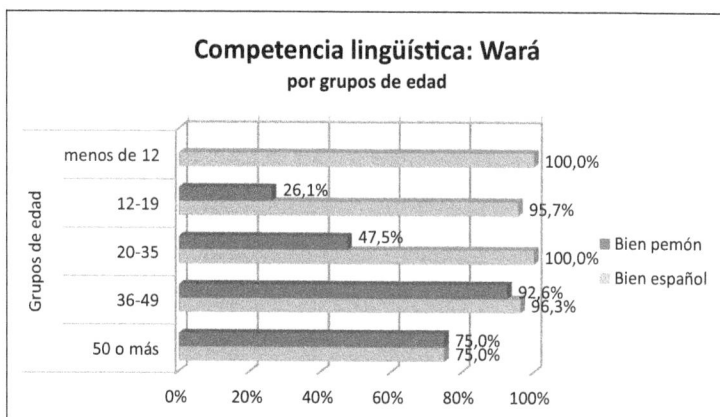

Gráfico 12: Competencia lingüística: Wará (edad)

En la comunidad de San José de Wará (gráfico 12), la competencia en la lengua indígena es irregular. No se registró ningún caso de buen nivel en el grupo de menores de 12 años y la proporción alcanza 26,1% en el grupo de 12 a 19 años. En el siguiente grupo, de 20 a 35 años, la proporción es 47,5%, en el grupo entre los 36 y 49 años alcanza 92,6% y, finalmente, es 75,0% en el grupo de los mayores de 50 años.

La competencia en español es siempre bastante alta, solo baja del 90% en el grupo de los mayores de 50 años (75,0%). La proporción es 100% en los grupos de menores de 12 años y en el de 20 a 35 años, 95,7% en el grupo de 12 a 19 años y 96,3% en el grupo de 36 a 49 años.

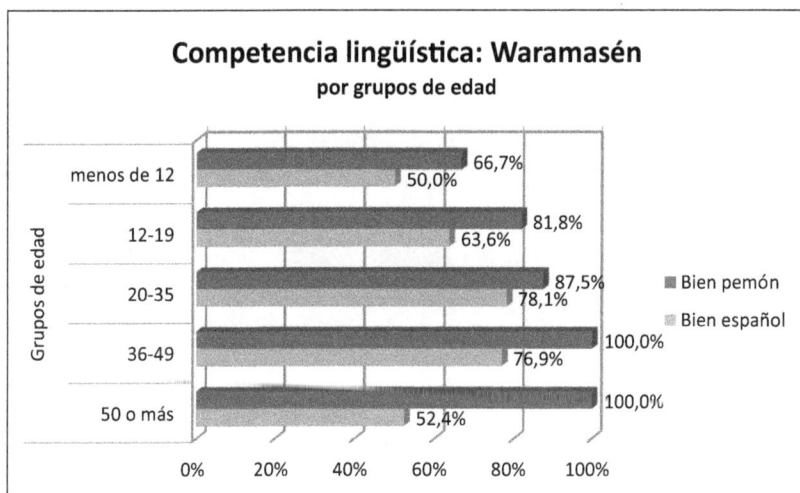

Competencia lingüística: Waramasén
por grupos de edad

Grupos de edad	Bien pemón	Bien español
menos de 12	66,7%	50,0%
12-19	81,8%	63,6%
20-35	87,5%	78,1%
36-49	100,0%	76,9%
50 o más	100,0%	52,4%

Gráfico 13: Competencia lingüística: Waramasén (edad)

En la comunidad de Waramasén (gráfico 13), la competencia en la lengua indígena es alta (con respecto a la media) en todas las categorías. Los valores son mayores a medida que aumenta el grupo de edad. La proporción es 66,7% en el grupo de los menores de 12 años, y en los grupos siguientes es cada vez mayor: 81,8% en el grupo de 12 a 19 años, 87,5% en el de 20 a 35 años y 100% en el grupo de 36 a 49 años y el siguiente.

La competencia en español es cada vez mayor en los tres primeros grupos de edad. Las proporciones son 50% (menores de 12 años), 63,3% (de 12 a 19 años) y 78,1% (de 20 a 35 años); luego la proporción es menor en los dos siguientes grupos, 76,9% (de 36 a 49 años) y 52,4% en el grupo de los mayores de 50 años.

5.2.1.3 Competencia lingüística por género

Se verán a continuación los resultados de la competencia lingüística según el género. Como se observa en el gráfico 14, es escasa la variación en cuanto al género tanto en la lengua indígena como en español. En ambos casos, las diferencias entre géneros son inferiores al 5%. Las proporciones en lengua indígena son 70,6% para el femenino y 67,1% para el masculino. En español son 72,2% y 77,3%, respectivamente.

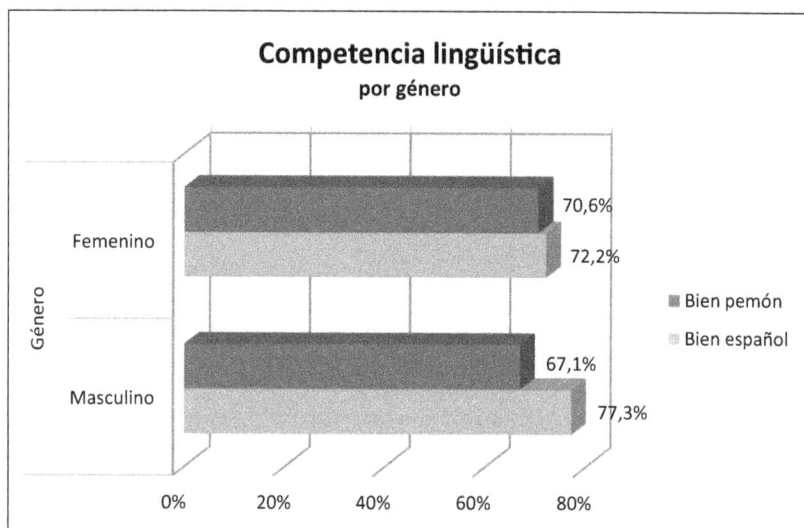

Gráfico 14: Competencia lingüística por género

El conjunto de gráficas que se presentan a continuación (del gráfico 15 al gráfico 23) muestran la competencia lingüística según el género del entrevistado, considerando los resultados obtenidos en cada una de las comunidades.

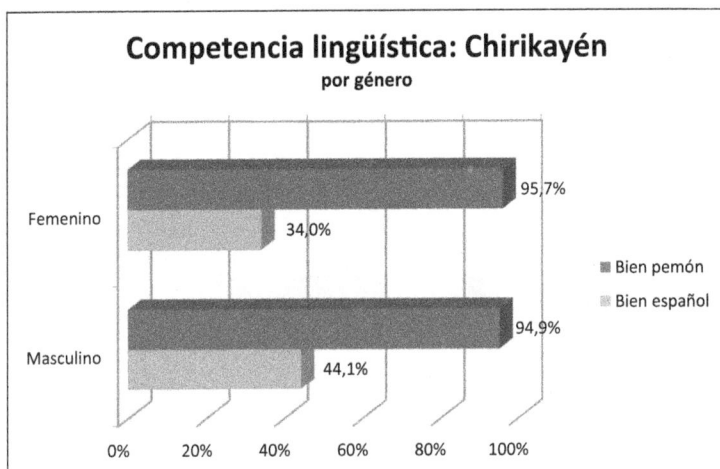

Competencia lingüística: Chirikayén
por género

Gráfico 15: Competencia lingüística: Chirikayén (género)

En la comunidad de Chirikayén (gráfico 15), los valores en lengua indígena son similares (alrededor de 95%) y algo diferentes en español (34% para el femenino y 44,1% para el masculino), estos últimos por debajo de la media del conjunto de resultados de todas las comunidades reunidas.

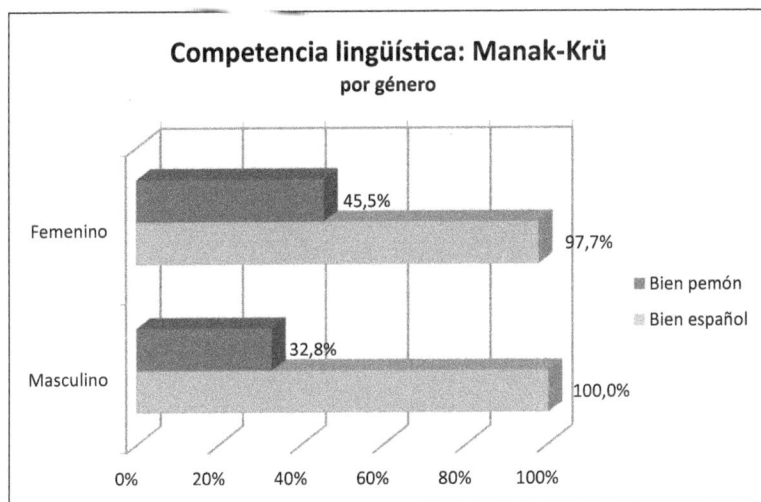

Competencia lingüística: Manak-Krü
por género

Gráfico 16: Competencia lingüística: Manak-Krü (género)

En la comunidad de Manak-Krü (gráfico 16), la diferencia en la lengua indígena es considerable, 45,5% para el femenino y 32,8% para el masculino. Estos valores están por debajo de la media. En español los valores son similares (sobre el 97%).

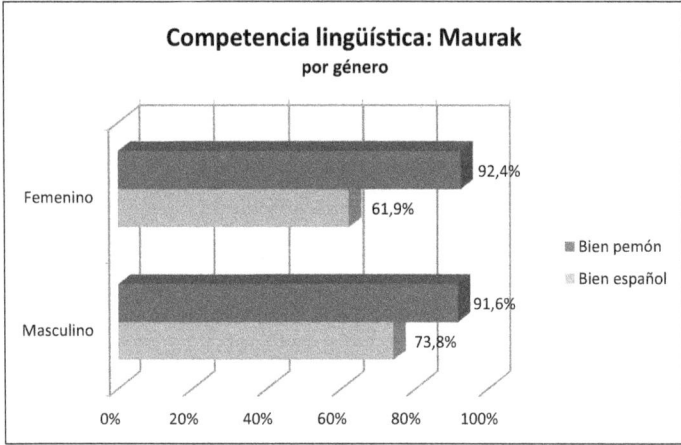

Competencia lingüística: Maurak
por género

Femenino — 92,4% / 61,9%

Masculino — 91,6% / 73,8%

■ Bien pemón
▧ Bien español

0% 20% 40% 60% 80% 100%

Gráfico 17: Competencia lingüística: Maurak (género)

En la comunidad de Maurak (gráfico 17), los valores son similares en la lengua indígena (poco más del 91%) y son considerables en el español (61,9% para el femenino y 73,8% para el masculino).

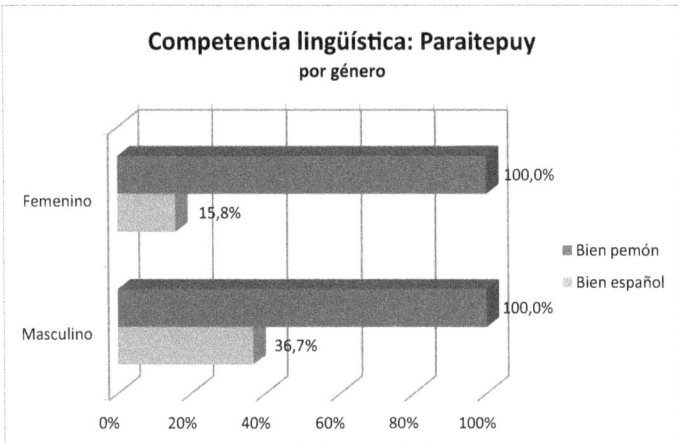

Competencia lingüística: Paraitepuy
por género

Femenino — 100,0% / 15,8%

Masculino — 100,0% / 36,7%

■ Bien pemón
▧ Bien español

0% 20% 40% 60% 80% 100%

Gráfico 18: Competencia lingüística: Paraitepuy (género)

En la comunidad de Paraitepuy de Roraima (gráfico 18), los valores en lengua indígena son absolutos (100%) y son considerablemente diferentes en español (15,8% para el femenino y 36,7% para el masculino). Hay que observar que en español los valores están bastante por debajo de la media, si se consideran los resultados generales.

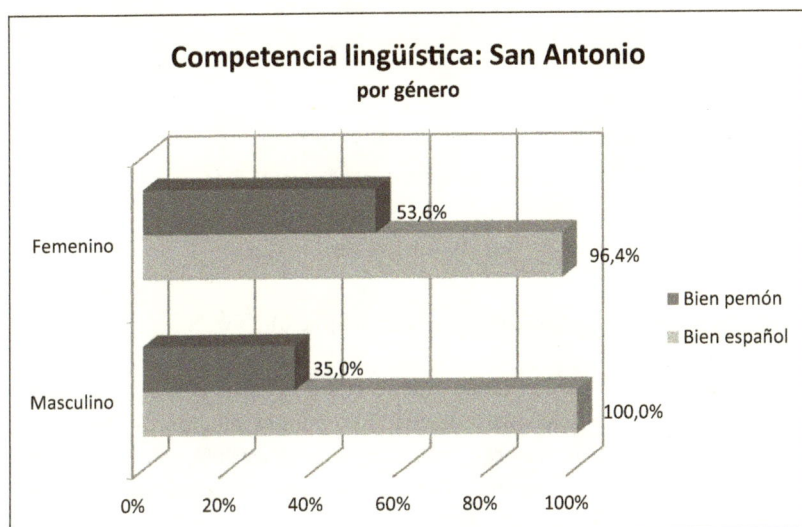

Gráfico 19: Competencia lingüística: San Antonio (género)

En la comunidad de San Antonio del Morichal (gráfico 19), los valores en lengua indígena son considerablemente diferentes (53,6% para el femenino y 35% para el masculino), con valores por debajo de la media. En cuanto al español, los valores son similares (sobre el 96%).

Competencia lingüística: San Ignacio
por género

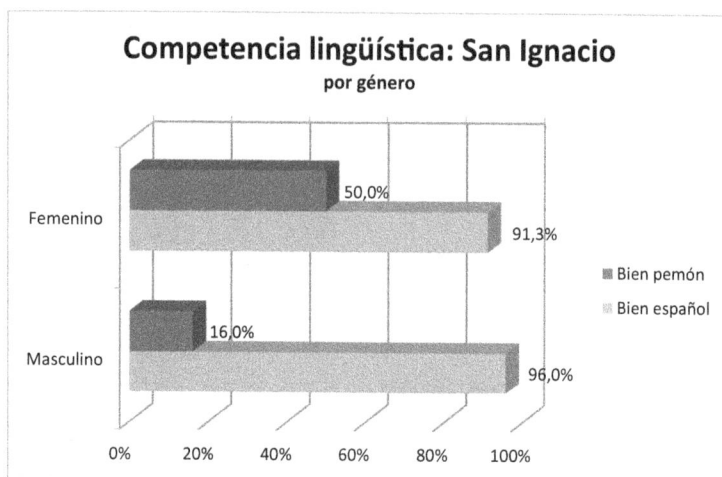

Gráfico 20: Competencia lingüística: San Ignacio (género)

En la comunidad de San Ignacio de Yuruaní (gráfico 20), se observa una enorme diferencia en la lengua indígena: 50% para el femenino y 16% para el masculino. En español los valores son similares (91,3% y 96%, respectivamente). Cabe señalar que en esta comunidad se utilizan otras lenguas además del pemón y el español, son usadas también el portugués y el inglés.

Competencia lingüística: Turacén
por género

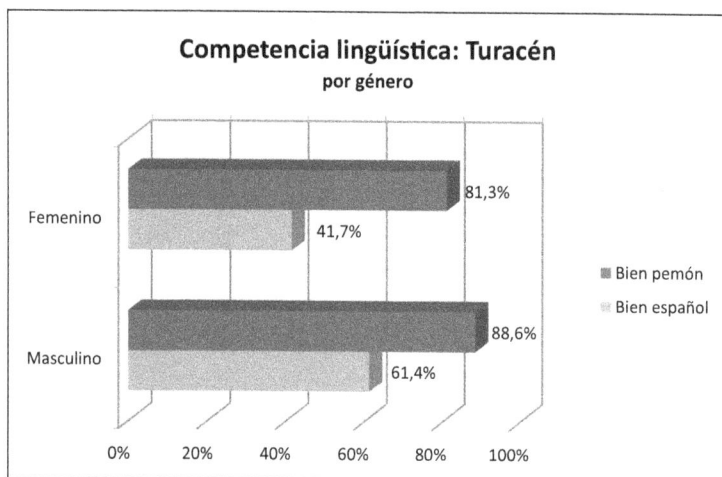

Gráfico 21: Competencia lingüística: Turacén (género)

En la comunidad de Santo Domingo de Turacén (gráfico 21), los valores en lengua indígena son similares (81,3% para el femenino y 88,6% para el masculino) y considerablemente diferentes en español (41,7% para el femenino y 61,4% para el masculino).

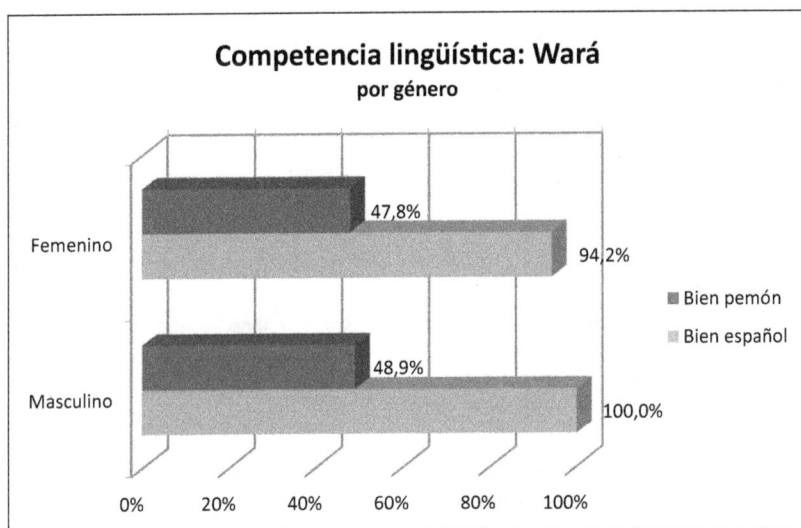

Gráfico 22: Competencia lingüística: Wará (género)

En la comunidad de San José de Wará (gráfico 22), tanto los valores en lengua indígena como en español son similares (alrededor del 48% en el primero y sobre 94% en el segundo).

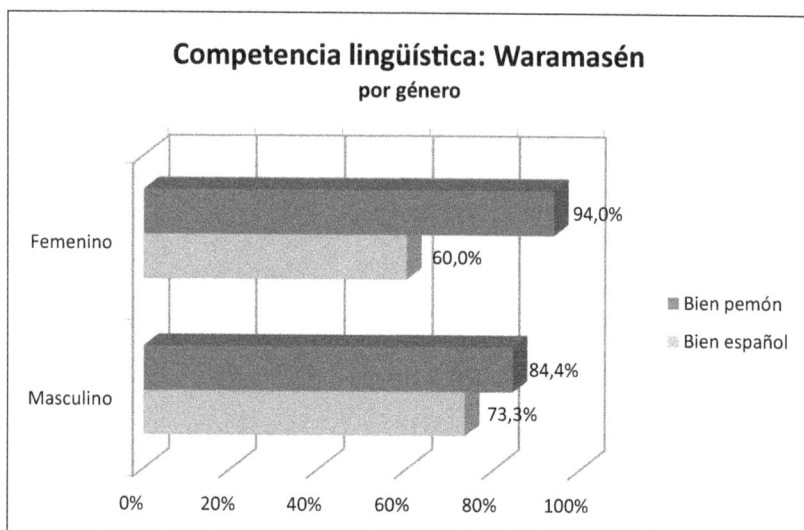

Competencia lingüística: Waramasén
por género

- Bien pemón
- Bien español

Gráfico 23: Competencia lingüística: Waramasén (género)

En la comunidad de Waramasén (gráfico 23), tanto los valores en lengua indígena como en español son considerables para cada género. En lengua indígena 94,0% en femenino y 84,4% en masculino. En español 60,0% y 73,3%, respectivamente.

Igualmente luce pertinente mostrar los resultados de la competencia lingüística según el nivel de escolaridad. La tabla 18 muestra los resultados de la competencia, tanto en pemón como en español, según el nivel de escolaridad en curso, calculando las proporciones totales. Si se considera la más alta categoría en la lengua, se observa que en este grupo la competencia general en la lengua indígena (53,0%) es inferior a la del español (77,8%). Si se observan los niveles de escolaridad en curso, se encuentran diferencias importantes en aquellas personas que cursan tanto primaria como secundaria. En cuanto a la primaria, 16,2% dijo hablar bien pemón, frente a 27,8% en español. En la secundaria, 22,2% dijo hablar bien la lengua indígena, frente a 32,7% en español.

Tabla 18: Competencia lingüística por escolaridad en curso

Escolaridad en curso	Lengua: Pemón				
	Bien	Poco	Solo entiende	Nada	Total
Primaria	16,2%	0,8%	8,6%	13,2%	**38,7%**
Secundaria	22,2%	0,8%	7,5%	6,8%	**37,2%**
Superior	10,5%	1,9%	2,6%	0,8%	**15,8%**
Sin escolaridad	4,1%	0,0%	1,1%	3,0%	**8,3%**
Total	**53,0%**	**3,4%**	**19,9%**	**23,7%**	**100,0%**

Escolaridad en curso	Lengua: Español				
	Bien	Poco	Solo entiende	Nada	Total
Primaria	27,8%	6,8%	4,1%	0,0%	**38,7%**
Secundaria	32,7%	4,5%	0,0%	0,0%	**37,2%**
Superior	13,5%	2,3%	0,0%	0,0%	**15,8%**
Sin escolaridad	3,8%	0,4%	2,3%	1,9%	**8,3%**
Total	**77,8%**	**13,9%**	**6,4%**	**1,9%**	**100,0%**

La tabla 19 presenta los resultados de la competencia lingüística según el nivel de escolaridad completada, es decir, de aquellas personas que ya no asistían a ningún centro de formación (habiendo terminado o no el ciclo escolar). Al igual que en la tabla anterior, se calculan las proporciones totales.

Tabla 19: Competencia lingüística por escolaridad completada

Escolaridad completada	Lengua: Pemón				
	Bien	Poco	Solo entiende	Nada	Total
Primaria	26,0%	1,1%	1,1%	1,0%	**29,1%**
Secundaria	32,9%	2,0%	8,3%	8,3%	**51,6%**
Superior	9,2%	0,3%	1,6%	1,4%	**12,4%**
Sin escolaridad	6,7%	0,0%	0,0%	0,1%	**6,8%**
Total	**74,7%**	**3,4%**	**11,1%**	**10,8%**	**100,0%**

Escolaridad completada	Lengua: Español				
	Bien	Poco	Solo entiende	Nada	Total
Primaria	16,4%	6,4%	6,0%	0,3%	**29,1%**
Secundaria	44,0%	7,0%	0,7%	0,0%	**51,6%**
Superior	11,9%	0,5%	0,0%	0,0%	**12,4%**
Sin escolaridad	1,8%	1,1%	3,0%	1,0%	**6,8%**
Total	**74,0%**	**15,0%**	**9,7%**	**1,2%**	**100,0%**

En esta tabla se observa que, en este grupo, prácticamente la misma proporción de personas dijeron hablar bien la lengua indígena y español (74,7%, en pemón, y 74,0%, en español). Pero también se nota una diferencia entre quienes terminaron sus estudios a nivel de la primaria y quienes lo hicieron en la secundaria. En la primaria, es mayor el número de personas que dijeron hablar bien pemón (26,0%, frente a 16,4% español). En la secundaria, quienes hablan bien pemón (32,9%) son menos que los que hablan bien español (44,0%).

Para ahondar en estos resultados se presentan dos gráficos calculando las proporciones dentro de los niveles de escolaridad, es decir, del total de personas que dijo cursar o haber terminado en un nivel, se indicará cuántos de ellos dijeron hablar bien pemón y español.

El gráfico 24 muestra los resultados de competencia lingüística de aquellos que aún se encontraban realizando algún tipo de estudios. Se observa que 41,7% de quienes cursan primaria dicen hablar bien pemón, frente a 71,8% español. La competencia en pemón de quienes cursan secundaria es superior (59,6%), aunque inferior al español (87,9%). Las dos terceras partes de quienes cursan estudios superiores dicen hablar bien la lengua indígena (66,7%), manteniéndose el nivel del español (85,7%). En este caso, el nivel "sin escolaridad" corresponde a niños escolarizados, pero a nivel preescolar. En este grupo la proporción de pemón y español es similar.

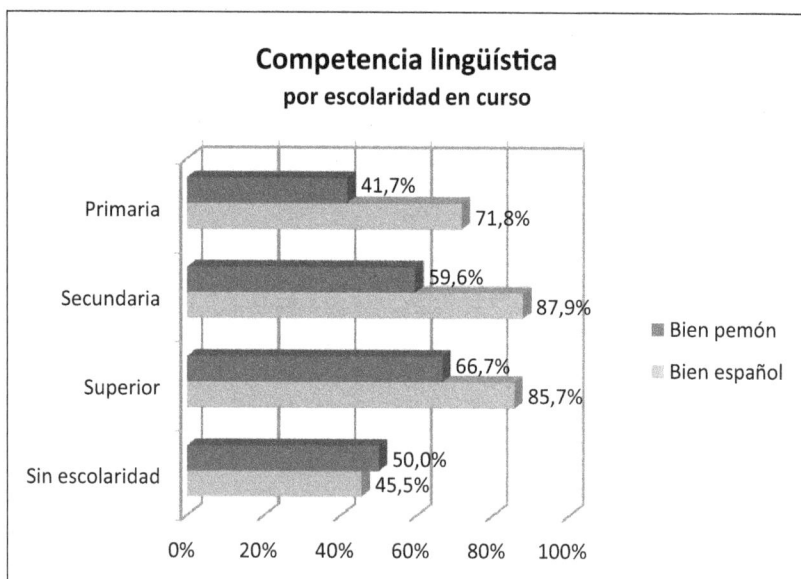

Gráfico 24: Competencia lingüística por escolaridad en curso

Por su parte, el gráfico 25 muestra los resultados de competencia lingüística de aquellos que ya habían salido del sistema escolar (completando el nivel de estudios o no). Destaca la elevada competencia en lengua indígena de quienes estudiaron hasta la primaria (89,2%), al igual de quienes no cursaron ningún tipo de estudios (98,0%). Aquellos que estudiaron hasta secundaria o realizaron estudios superiores la mayor competencia es el español. En ambos grupos las diferencias son importantes, en secundaria 63,8%, en pemón, frente a 85,2%, en español, y en aquellos que alcanzaron estudios superiores 73,6%, en pemón, frente a 95,6%, en español.

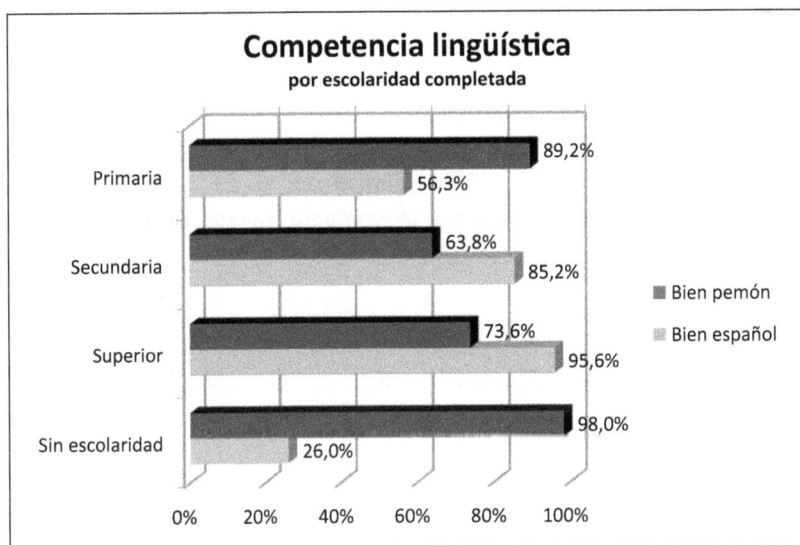

Competencia lingüística
por escolaridad completada

	Bien pemón	Bien español
Primaria	89,2%	56,3%
Secundaria	63,8%	85,2%
Superior	73,6%	95,6%
Sin escolaridad	98,0%	26,0%

Gráfico 25: Competencia lingüística por escolaridad completada

Al comparar restas dos últimas gráficas, es interesante destacar que la competencia en pemón de quienes estudian en primaria (41,7%) es mucho menor que la de aquellos que estudiaron hasta ese nivel (89,2%). En el mismo sentido, la competencia en español (71,8%) es mayor (56,3%) que la de quienes llegaron hasta la primaria.

5.2.2 Bilingüismo

Partiendo de los resultados y para indicar el nivel de bilingüismo, se consideró el cruce de las respuestas dadas en la pregunta sobre la competencia en lengua indígena y la pregunta sobre la competencia en español. Así, se tomaron los porcentajes de aquellas respuestas correspondientes a los niveles superiores en la escala de cada lengua, a saber "bien" y "poco". Es decir, considerando cada encuesta, se observó quién respondió "bien" o "poco" en la lengua indígena y "bien" o "poco" en español. De esta manera, se obtuvieron 3 categorías correspondientes a las encuestas en las que se obtuvieron al mismo tiempo las respuestas: "bien pemón y bien español", "bien pemón y poco español" y, finalmente, "poco pemón y bien español". Por razones evidentes la combinación "poco pemón y poco español" es igual a cero.

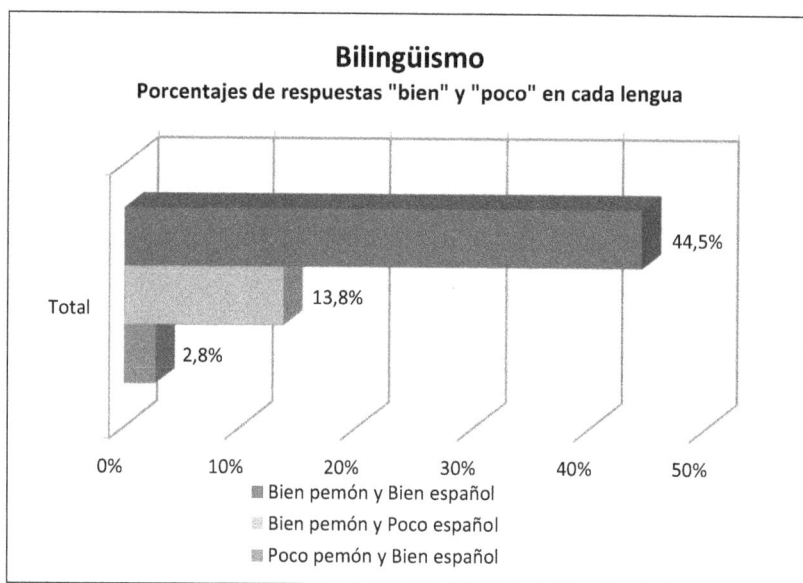

Bilingüismo
Porcentajes de respuestas "bien" y "poco" en cada lengua

Total — 44,5%, 13,8%, 2,8%

- Bien pemón y Bien español
- Bien pemón y Poco español
- Poco pemón y Bien español

Gráfico 26: Bilingüismo

En el gráfico 26 se muestra el cruce de respuestas antes señaladas. El 44,5% de los encuestados dijeron hablar bien la lengua indígena y el español, 13,8% dijo hablar bien la lengua indígena y poco español y 2,8% dijo hablar poco la lengua indígena y hablar bien español.

Así, se podría decir que el 44,5% de los encuestados se consideran perfectamente bilingües, correspondiendo los otros porcentajes a un nivel inferior en el bilingüismo, con preponderancia de una u otra lengua.

5.2.2.1 Bilingüismo por comunidad

En el gráfico 27 se muestran los resultados del bilingüismo según la comunidad. Se observa que Maurak y Waramasén son las comunidades con una mayor proporción de bilingües (62,3% y 55,8%, respectivamente), estando ambas por encima de la media general. Dentro del promedio se encuentran San Antonio del Morichal y San José de Wará (43,8% y 44,8%) y ligeramente por debajo Chirikayén, Manak-Krü y Santo Domingo de Turacén (35,8%, 38,7% y 39,1%, respectivamente). Las comunidades con las proporciones más bajas de bilingüismo son Paraitepuy de Roraima y San Ignacio de Yuruaní (28,6% y 27,1%). Además, en 5 comunidades (Chirikayén, Maurak, Paraitepuy de Roraima, Santo Domingo de Turacén y Waramasén) el bilingüismo con predominancia de la lengua indígena está por encima de la media, en particular en Santo Domingo de Turacén, donde la proporción alcanza 38%.

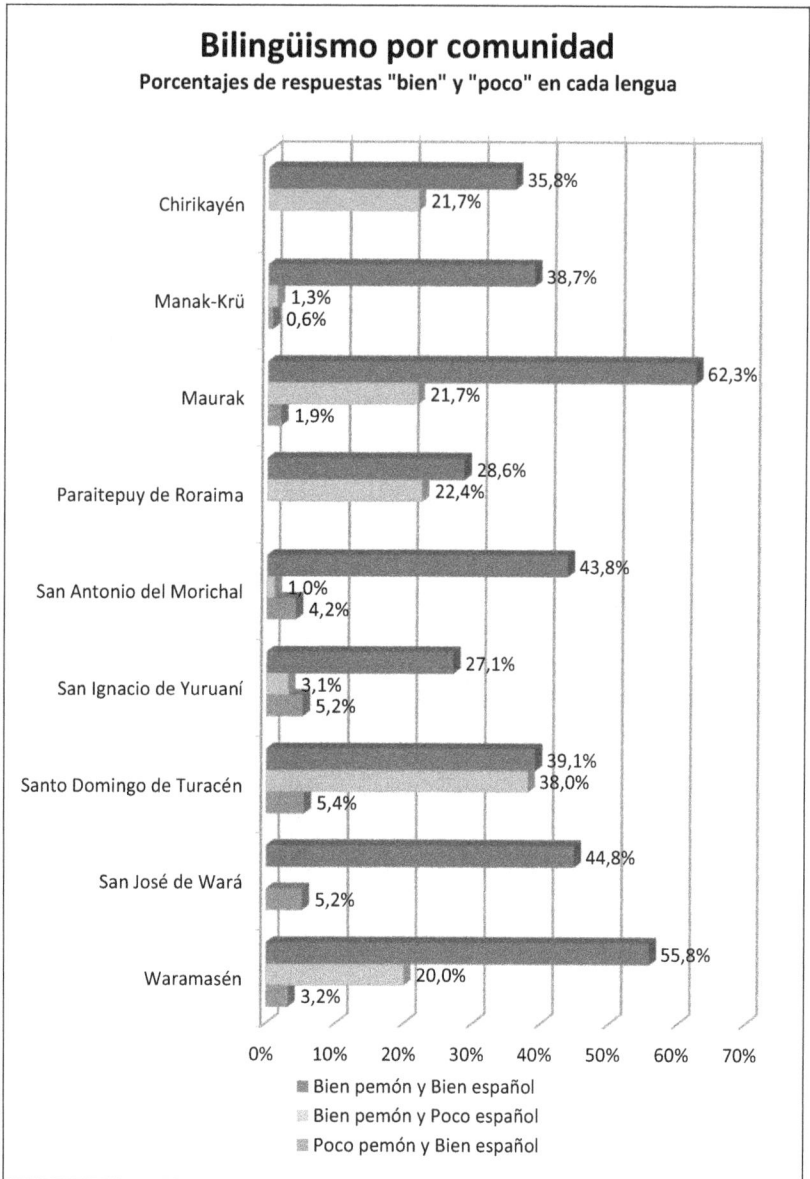

Bilingüismo por comunidad
Porcentajes de respuestas "bien" y "poco" en cada lengua

Chirikayén — 35,8% / 21,7%

Manak-Krü — 38,7% / 1,3% / 0,6%

Maurak — 62,3% / 21,7% / 1,9%

Paraitepuy de Roraima — 28,6% / 22,4%

San Antonio del Morichal — 43,8% / 1,0% / 4,2%

San Ignacio de Yuruaní — 27,1% / 3,1% / 5,2%

Santo Domingo de Turacén — 39,1% / 38,0% / 5,4%

San José de Wará — 44,8% / 5,2%

Waramasén — 55,8% / 20,0% / 3,2%

0% 10% 20% 30% 40% 50% 60% 70%

■ Bien pemón y Bien español
▨ Bien pemón y Poco español
▨ Poco pemón y Bien español

Gráfico 27: Bilingüismo por comunidad

5.2.2.2 Bilingüismo por grupos de edad

A continuación, el gráfico 28 muestra los resultados del bilingüismo según los grupos de edad.

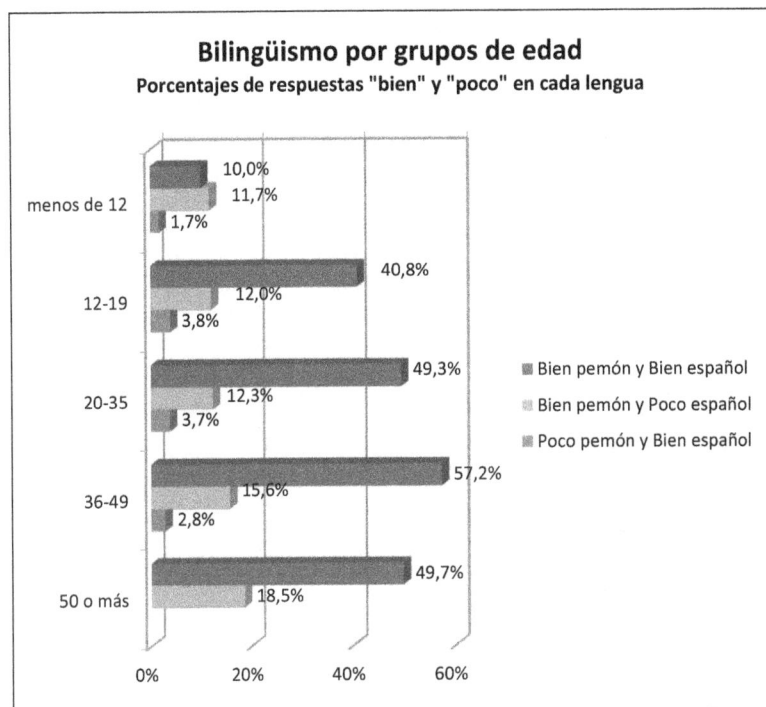

Gráfico 28: Bilingüismo por grupos de edad

Se observa que la proporción de bilingüismo es mayor a medida que aumenta el grupo de edad. En el grupo de menores de 12 años es 10%, 40,8% en el grupo de 12 a 19 años, 49,3% en el de 20 a 35 años, 57,2% en el grupo de 36 a 49 años y 49,7% en el grupo de mayores de 50 años.

Destaca la estabilidad de las proporciones del bilingüismo con preponderancia de una u otra lengua, estas se encuentran alrededor de 14% para la preponderancia de la lengua indígena y de 2,5% para la preponderancia del español.

5.2.2.3 Bilingüismo por género

Al considerar el bilingüismo según el género (gráfico 29) se obtienen proporciones similares en cada caso, siendo estos valores similares a la media general.

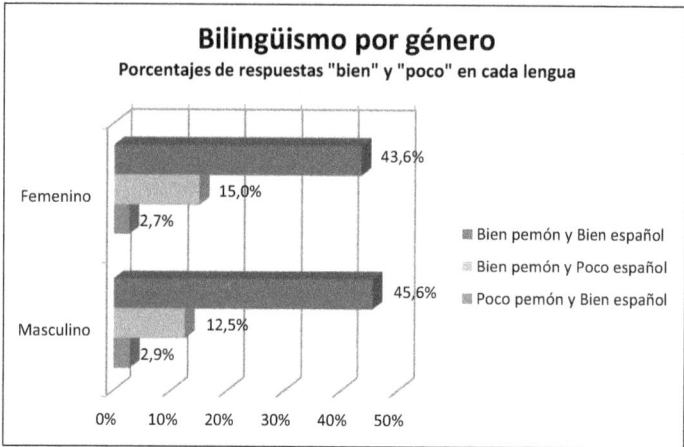

Bilingüismo por género
Porcentajes de respuestas "bien" y "poco" en cada lengua

Femenino: 43,6% / 15,0% / 2,7%
Masculino: 45,6% / 12,5% / 2,9%

■ Bien pemón y Bien español
▨ Bien pemón y Poco español
■ Poco pemón y Bien español

Gráfico 29: Bilingüismo por género

5.2.3 Lengua de uso en el hogar

A continuación se mostrarán los resultados de la lengua de uso en el hogar según la edad del interlocutor, es decir, según se hable con un niño, con un adolescente, con un adulto o con un anciano.

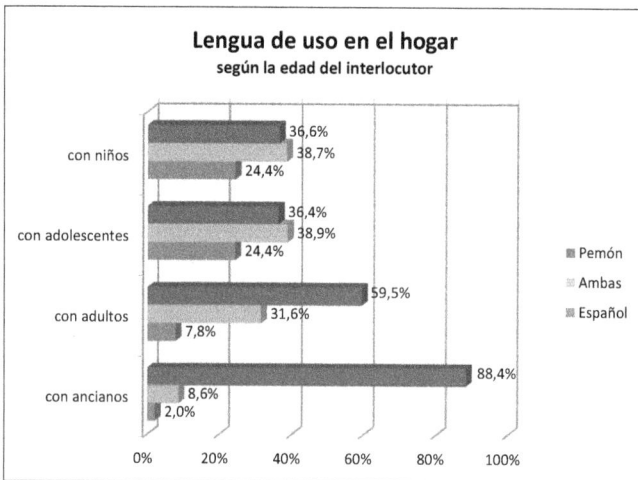

Lengua de uso en el hogar
según la edad del interlocutor

con niños: 36,6% / 38,7% / 24,4%
con adolescentes: 36,4% / 38,9% / 24,4%
con adultos: 59,5% / 31,6% / 7,8%
con ancianos: 88,4% / 8,6% / 2,0%

■ Pemón
▨ Ambas
■ Español

Gráfico 30: Lengua de uso en el hogar

El gráfico 30 muestra que el uso de la lengua indígena es mayor según se avanza en la edad del interlocutor. Cuando se habla con niños y con adolescentes la proporción es cerca del 36,5%, superior (59,5%) cuando se habla con adultos y es 88,4% cuando se habla con ancianos.

Inversamente, el uso del español es menor a medida que aumenta la edad del interlocutor. Así, es 24,4% cuando se habla con niños, proporción que se repite con los adolescentes, 7,8% cuando se habla con adultos y 2% cuando se habla con ancianos. Del mismo modo ocurre con el uso de ambas lenguas, 38,7% cuando se habla con niños, 38,9% (con adolescentes), 31,6% (con adultos) y 8,6% (con ancianos).

5.2.3.1 Lengua de uso en el hogar por comunidad

Se verán a continuación los resultados de la lengua de uso en el hogar según la edad del interlocutor, considerando las diferentes comunidades estudiadas.

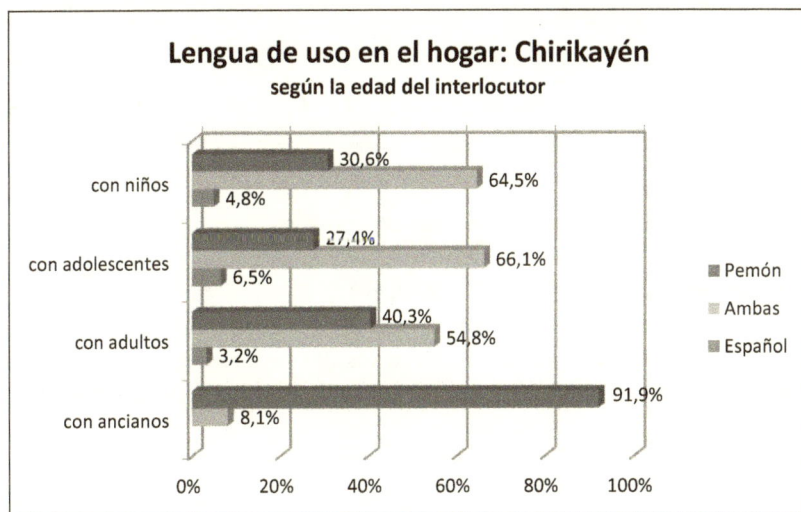

Gráfico 31: Lengua de uso en el hogar: Chirikayén

En la comunidad de Chirikayén (gráfico 31), el uso de la lengua indígena en mayor según se avanza en la edad del interlocutor. Cuando se habla con niños, la proporción es 30,6%, casi igual que con adolescentes (27,4%), algo mayor con adultos (40,3%) y mucho más con ancianos (91,9%).

Al contrario, el uso del español y de ambas lenguas es menor a medida que aumenta la edad del interlocutor. En el caso del español, las proporciones son muy bajas, todas por debajo del 7%. Hay que destacar la elevada proporción de uso de ambas lenguas: 64,5% con niños, 66,1% con adolescentes, 54,8% con adultos y 8,1% con ancianos.

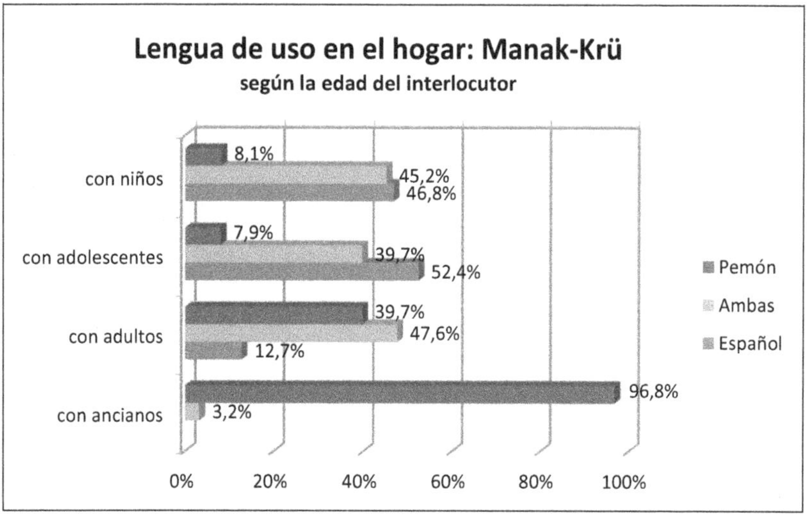

Lengua de uso en el hogar: Manak-Krü
según la edad del interlocutor

Gráfico 32: Lengua de uso en el hogar: Manak-Krü

En la comunidad de Manak-Krü (gráfico 32), si bien se cumple que el uso de la lengua indígena es mayor según se avanza en la edad del interlocutor, estas proporciones son relativamente bajas en los dos primeros grupos (8,1% con niños y 7,9% con adolescentes), es 39,7% cuando se habla con adultos y 96,8% con ancianos.

El uso del español es bastante elevado cuando se habla con niños y con adolescentes (46,8% y 52,4%, respectivamente) y 12,7% cuando se habla con adultos y no se registró ningún caso cuando se habla con ancianos. El uso de ambas lenguas es ligeramente elevado, 45,2% cuando se habla con niños, 39,7% con adolescentes y 47,6% con adultos y 3,2% con ancianos.

Lengua de uso en el hogar: Maurak
según la edad del interlocutor

con niños — 58,3% / 28,9% / 12,8%
con adolescentes — 59,4% / 30,5% / 10,2%
con adultos — 86,1% / 11,8% / 2,1%
con ancianos — 97,9% / 1,6% / ,5%

Pemón
Ambas
Español

0% 20% 40% 60% 80% 100%

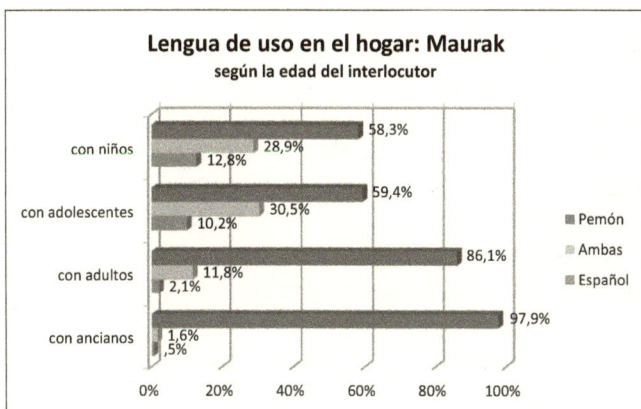

Gráfico 33: Lengua de uso en el hogar: Maurak

En la comunidad de Maurak (gráfico 33), la proporción del uso de la lengua indígena es mayor según se avanza en la edad del interlocutor (con valores sobre la media) y, al contrario, el uso del español y el de ambas lenguas es menor a medida que aumenta la edad del interlocutor. La proporción de lengua indígena es casi el 60% cuando se habla con niños y con adolescentes, 86,1% con adultos y 97,9% cuando se habla con ancianos. La proporción de uso del español es 12,8% cuando se habla con niños, 10,2% con adolescentes, 2,1% con adultos y 0,5% cuando se habla con ancianos. El uso de ambas lenguas es de 28,9% y 30,5%, cuando se habla con niños y con adolescentes, 11,8% con adultos y 1,6% con ancianos.

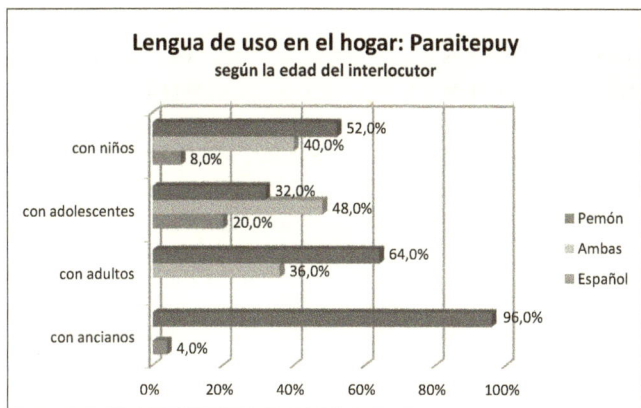

Lengua de uso en el hogar: Paraitepuy
según la edad del interlocutor

con niños — 52,0% / 40,0% / 8,0%
con adolescentes — 32,0% / 48,0% / 20,0%
con adultos — 64,0% / 36,0%
con ancianos — 96,0% / 4,0%

Pemón
Ambas
Español

0% 20% 40% 60% 80% 100%

Gráfico 34: Lengua de uso en el hogar: Paraitepuy

En la comunidad de Paraitepuy de Roraima (gráfico 34), las proporciones no se distribuyen como en los casos anteriores. Sin embargo, los valores de la lengua indígena y el uso de ambas lenguas son ligeramente superiores a la media. Cuando se habla con niños, la proporción de uso de la lengua indígena es 52,0%, con adolescentes 32,0%, con adultos 64,0% y 96,0% con ancianos. Ambas lenguas se utilizan el 40,0% de los casos con niños, 48,0% con adolescentes y 36,0% con adultos, sin presentarse casos de su uso con los ancianos. El español se usa el 8,0% de los casos cuando se habla con niños, 20,0% con adolescentes, en ningún caso con adultos y 4,0% con ancianos.

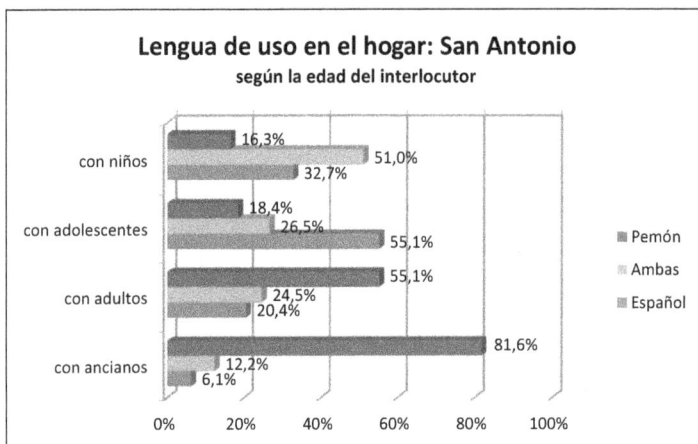

Gráfico 35: Lengua de uso en el hogar: San Antonio

En la comunidad de San Antonio del Morichal (gráfico 35), la proporción de uso de la lengua indígena es mayor según se avanza en la edad del interlocutor, pero los valores son bajos en los dos primeros grupos (16,3% con niños y 18,4% con adolescentes), 55,1% cuando se habla con adultos y 81,6% con ancianos. El uso del español es irregular (32,7% con niños, 55,1% con adolescentes, 20,4% con adultos y 6,1% con ancianos). El uso de ambas lenguas es menor a medida que aumenta la edad del interlocutor, es 51,0% cuando se habla con niños, 26,5% con adolescentes, 24,5% con adultos y 12,2% con ancianos.

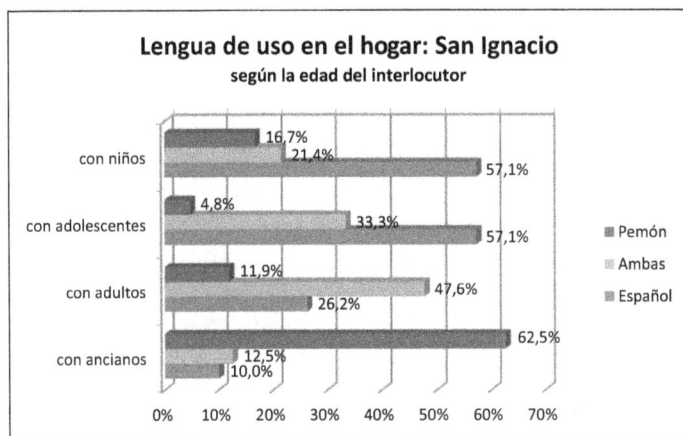

Gráfico 36: Lengua de uso en el hogar: San Ignacio

En la comunidad de San Ignacio de Yuruaní (gráfico 36), las proporciones son irregulares. Solo mantiene una tendencia clara el uso del español que es menor a medida que aumenta la edad del interlocutor (57,1% cono niños y con adolescentes, 26,2% con adultos y 10% con ancianos). Estos valores son bastante elevados con respecto a la media. Las proporciones de uso de la lengua indígena son 16,7% cuando se habla con niños, 4,8% con adolescentes, 11,9% con adultos y 62,5% con ancianos. Por su parte, las proporciones de uso de ambas lenguas son 21,4% con niños, 33,3% con adolescentes, 47,6% con adultos y 12,5% con ancianos.

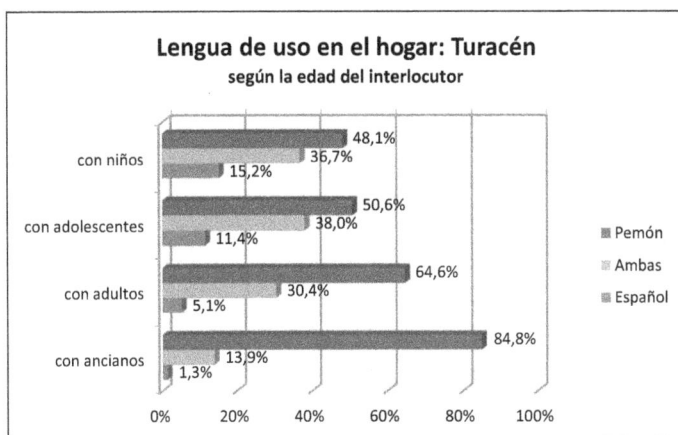

Gráfico 37: Lengua de uso en el hogar: Turacén

En la comunidad de Santo Domingo de Turacén (gráfico 37), la proporción de
uso de la lengua indígena es mayor a medida que se avanza en la edad del interlocutor (48,1% cuando se habla con niños, 50,6% con adolescentes, 64,6% con
adultos y 84,8% con ancianos). A modo contrario, el uso del español y de ambas
lenguas es menor a medida que se aumenta en la edad del interlocutor. En el caso
del español, las proporciones son 15,2% cuando se habla con niños, 11,4% con
adolescentes, 5,1% con adultos y 1,3% con ancianos. El caso del uso de ambas
lenguas, es 36,7% cuando se habla con niños, 38,0% con adolescentes, 30,4% con
adultos y 13,9 % con ancianos. Los valores en cuanto al uso de la lengua indígena
y al uso de ambas lenguas son ligeramente superiores a la media, mientras que
los del uso del español son ligeramente inferiores.

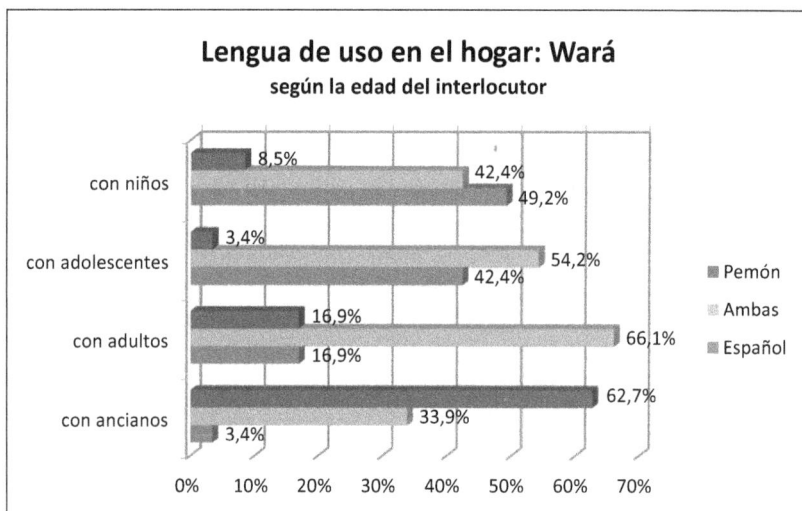

Gráfico 38: Lengua de uso en el hogar: Wará

En la comunidad de San José de Wará (gráfico 38), las proporciones son irregulares. Cuando se habla con niños y con adolescentes, destaca el bajo uso de la
lengua indígena (8,5% y 3,4%, respectivamente), cuando se habla con adultos
16,9% y 62,7% con ancianos. En cuanto a la utilización del español, la proporción
es 49,2% cuando se habla con niños, 42,4%, con adolescentes, 16,9% con adultos
y 3,4% con ancianos. En lo referente al uso de ambas lenguas la proporción es
42,4% cuando se habla con niños, 54,2% con adolescentes, 66,1% con adultos y
33,9% con ancianos.

Lengua de uso en el hogar: Waramasén
según la edad del interlocutor

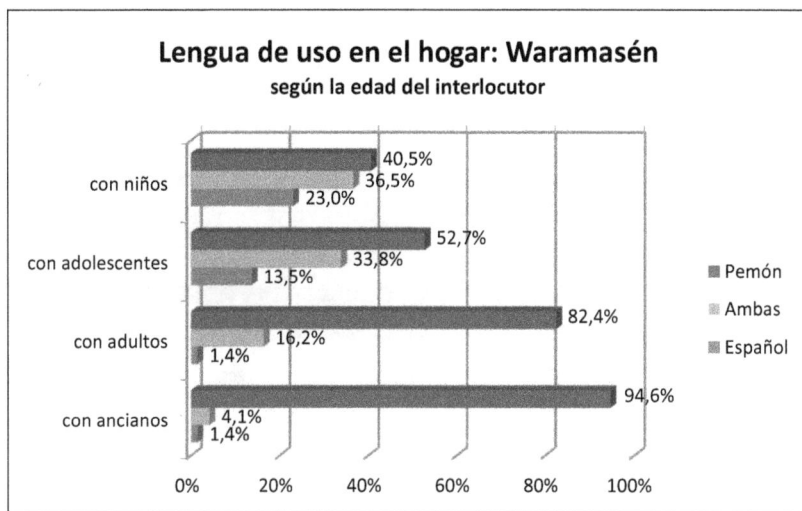

con niños
- 40,5%
- 36,5%
- 23,0%

con adolescentes
- 52,7%
- 33,8%
- 13,5%

con adultos
- 82,4%
- 16,2%
- 1,4%

con ancianos
- 94,6%
- 4,1%
- 1,4%

0%   20%   40%   60%   80%   100%

■ Pemón
▨ Ambas
▨ Español

Gráfico 39: Lengua de uso en el hogar: Waramasén

En la comunidad de Waramasén (gráfico 39) es mayor el uso de la lengua indígena a medida que se avanza en la edad del interlocutor. La proporción es 40,5% cuando se habla con niños, 52,7% con adolescentes, 82,4% con adultos y 94,6% con ancianos; estas proporciones son superiores a la media. Por el contrario, el uso del español y el uso de ambas lenguas son menores a medida que se aumenta en la edad del interlocutor. En el caso del uso del español, se registró 23% cuando se habla con niños, 13,5% con adolescentes, 1,4% con adultos y 1,4% con ancianos. En cuanto al uso de ambas lenguas, la proporción es 36,5% cuando se habla con niños, 33,8% con adolescentes, 16,2% con adultos y 4,1% con ancianos.

5.2.3.2 Lengua de uso en el hogar por grupos de edad

A continuación se mostrarán los resultados de la lengua de uso en el hogar según la edad del interlocutor, considerando la edad de los hablantes.

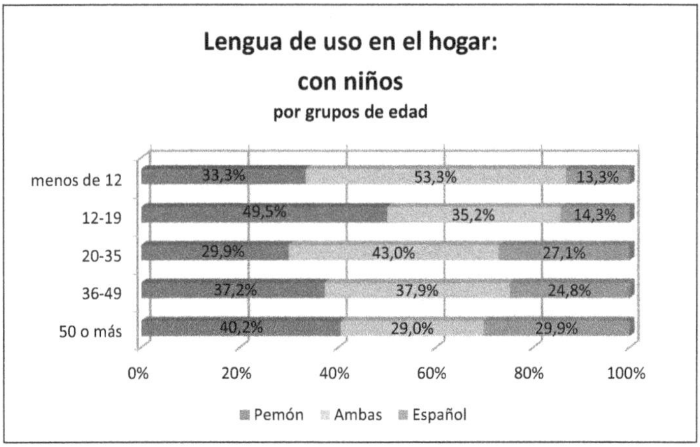

Gráfico 40: Lengua de uso en el hogar: con niños

El gráfico 40 muestra que al hablar con niños suele prevalecer el uso de ambas lenguas. Esta proporción es la mayor en tres grupos de edades: en el de menores de 12 años (53,3%), en el de 20 a 35 años (43,0%) y en el de 36 a 49 años (37,9%), aunque en este último grupo es casi igual a la proporción de la lengua indígena (37,2%). El uso de la lengua indígena predomina en el grupo de 12 a 19 años (49,5%) y en el de mayores de 50 años (40,2%). En cuanto al uso del español, en ninguno de los grupos de edad esta proporción fue la más importante.

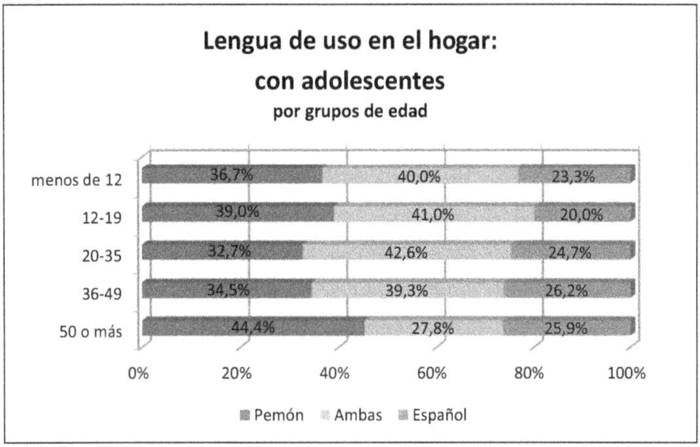

Gráfico 41: Lengua de uso en el hogar: con adolescentes

Cuando se habla con adolescentes, como se observa en el gráfico 41, destaca levemente el uso de ambas lenguas, con valores cercanos a 40% en cada grupo de edad, salvo en los mayores de 50 años (27,8%), grupo en el cual se encuentra la mayor proporción de uso dela lengua indígena (44,4%). La proporción de uso del español, en cada uno de los grupos se mantiene alrededor de 25%.

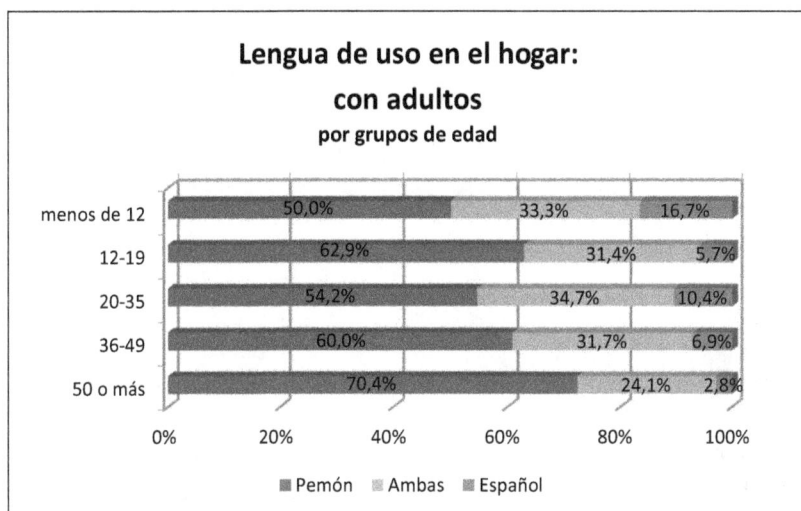

Lengua de uso en el hogar:
con adultos
por grupos de edad

Grupo de edad	Pemón	Ambas	Español
menos de 12	50,0%	33,3%	16,7%
12-19	62,9%	31,4%	5,7%
20-35	54,2%	34,7%	10,4%
36-49	60,0%	31,7%	6,9%
50 o más	70,4%	24,1%	2,8%

Gráfico 42: Lengua de uso en el hogar: con adultos

Al hablar con adultos, como se aprecia en el gráfico 42, predomina considerablemente el uso de la lengua indígena. En cada grupo de edad la proporción supera el 50%. Así, es de 50,0% en el grupo de menores de 12 años, 62,9% en el de 12 a 19 años, 54,2% en el de 20 a 35 años, 60,0% en el de 36 a 49 años y 70,4% en los mayores de 50 años. En cerca de la tercera parte de los casos se utilizan ambas lenguas, salvo en los mayores de 50 años, donde la proporción es 24,1%. La proporción de uso del español no predomina en ningún grupo de edad.

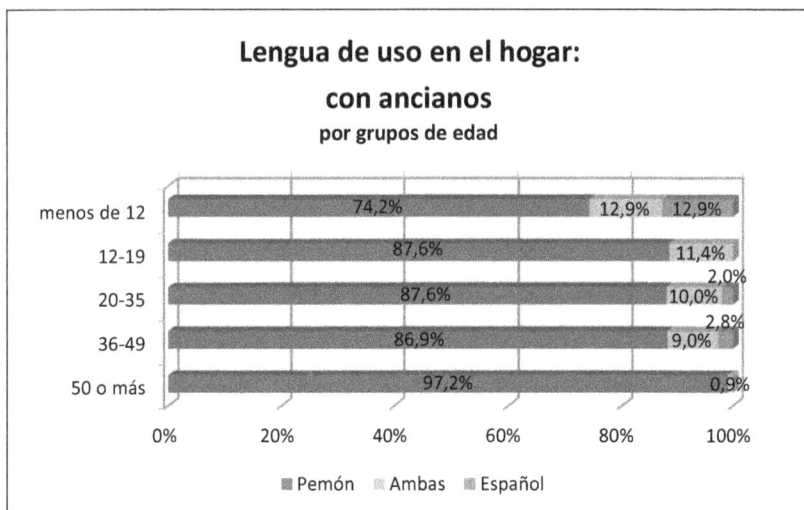

Gráfico 43: Lengua de uso en el hogar: con ancianos

El gráfico 43 muestra la contundente preferencia de la lengua indígena cuando se habla con ancianos. En todos los grupos la proporción es superior al 74%. En el grupo de menores de 12 años es 74,2%, en el de 12 a 19 años es 87,6% al igual que en el grupo de 20 a 35 años, es 86,9% en el de 36 a 49 años y 97,2% en el grupo de los mayores de 50 años.

5.2.3.3 Lengua de uso en el hogar por género

Los dos siguientes gráficos muestran los resultados de la lengua de uso en el hogar según la edad del interlocutor considerando el género del entrevistado.

El gráfico 44 muestra los resultados correspondientes al género femenino y el gráfico 45 los resultados del género masculino. Como se observa, al comparar ambos gráficos no hay mayores diferencias entre uno y otro género. En ambos casos se observan las mismas tendencias con proporciones bastante similares.

Lengua de uso en el hogar: femenino
según la edad del interlocutor

con niños
33,3%
40,9%
25,8%

con adolescentes
36,0%
39,0%
24,8%

con adultos
58,9%
32,9%
7,3%

con ancianos
89,1%
9,1%
1,5%

0%   20%   40%   60%   80%   100%

- Pemón
- Ambas
- Español

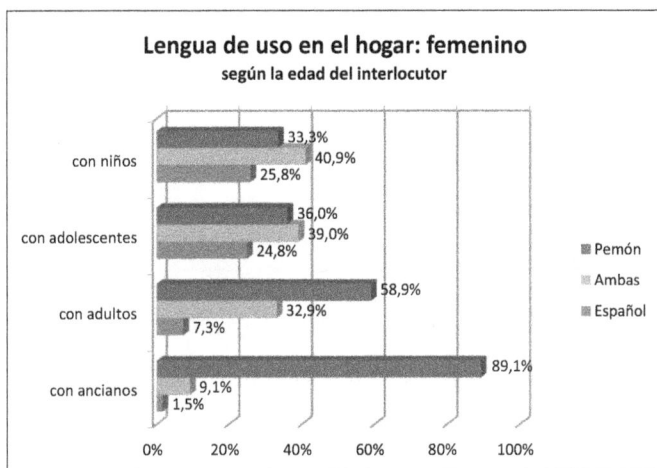

Gráfico 44: Lengua de uso en el hogar: femenino

Lengua de uso en el hogar: masculino
según la edad del interlocutor

con niños
40,1%
36,2%
23,0%

con adolescentes
36,9%
38,8%
23,9%

con adultos
60,2%
30,1%
8,4%

con ancianos
87,7%
8,1%
2,6%

0%   20%   40%   60%   80%   100%

- Pemón
- Ambas
- Español

Gráfico 45: Lengua de uso en el hogar: masculino

5.2.4 Lengua de uso según dominios

Pasemos ahora a considerar la lengua de uso según los diferentes dominios, es decir, la lengua empleada en determinados contextos. A saber, la lengua que se utiliza cuando se interactúa: con la familia, con los amigos, en las tiendas (compra en diversos comercios), en la escuela, en la iglesia, en la asamblea comunitaria y en las relaciones con el Estado (incluyendo trámites administrativos, en general).

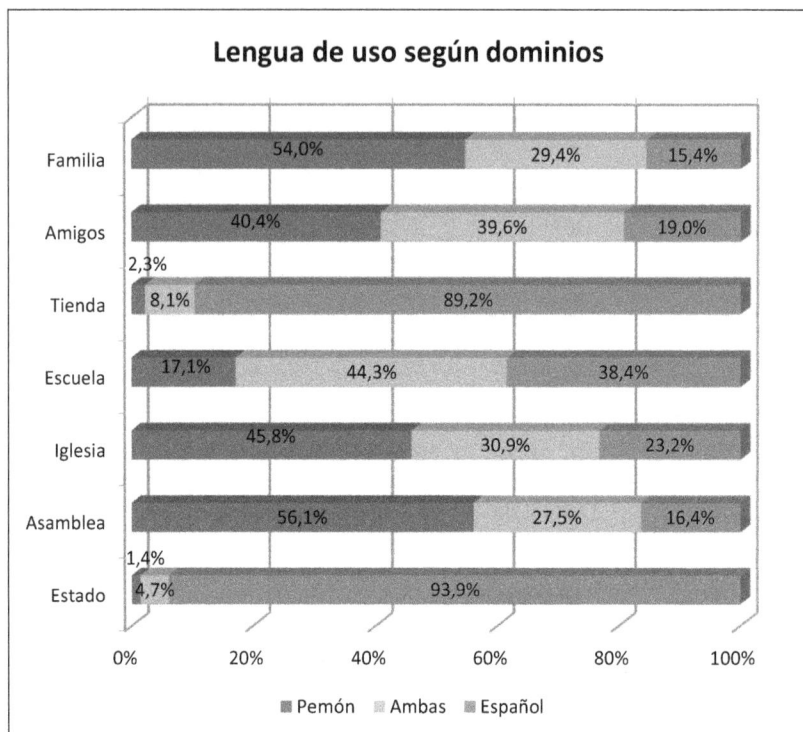

Lengua de uso según dominios

Dominio	Pemón	Ambas	Español
Familia	54,0%	29,4%	15,4%
Amigos	40,4%	39,6%	19,0%
Tienda	2,3% / 8,1%		89,2%
Escuela	17,1%	44,3%	38,4%
Iglesia	45,8%	30,9%	23,2%
Asamblea	56,1%	27,5%	16,4%
Estado	1,4% / 4,7%		93,9%

Leyenda: Pemón · Ambas · Español

Gráfico 46: Lengua de uso según dominios

Como se observa en el gráfico 46, no se observa una uniformidad de uso lingüístico en los dominios estudiados. Hay dominios donde predomina el uso de la lengua indígena: familia (54,0%), iglesia (45,8%) y asamblea comunitaria (56,1%). Hay dominios donde predomina el uso del español: tienda (89,2%) y las relaciones con el Estado (93,9%). Hay un dominio donde predomina el uso de ambas lenguas: escuela (44,3%). Y, finalmente, hay un dominio, amigos, donde se encuentra casi la misma proporción de uso de la lengua indígena (40,4%) y del uso de las dos lenguas (39,6%).

5.2.4.1 Lengua de uso según dominios por comunidad

Se muestran a continuación los resultados obtenidos en los dominios de uso en cada una de las comunidades.

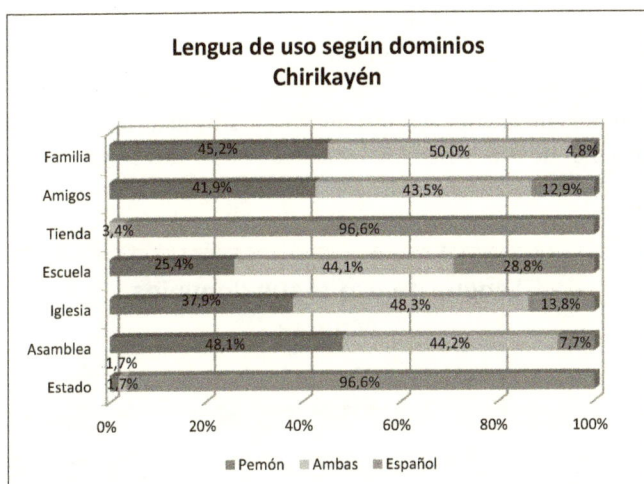

Gráfico 47: Lengua de uso según dominios: Chirikayén

En la comunidad de Chirikayén (gráfico 47), el uso de la lengua indígena no predomina en ningún dominio. El uso del español predomina ampliamente en la tienda (96,6%) y las relaciones con el Estado (96,6%). El uso de ambas lenguas predomina en la escuela (44,1%) y en la iglesia (48,3%). En los dominios familia, amigos y asamblea comunitaria se encuentran proporciones similares de uso de la lengua indígena y del uso de las dos lenguas.

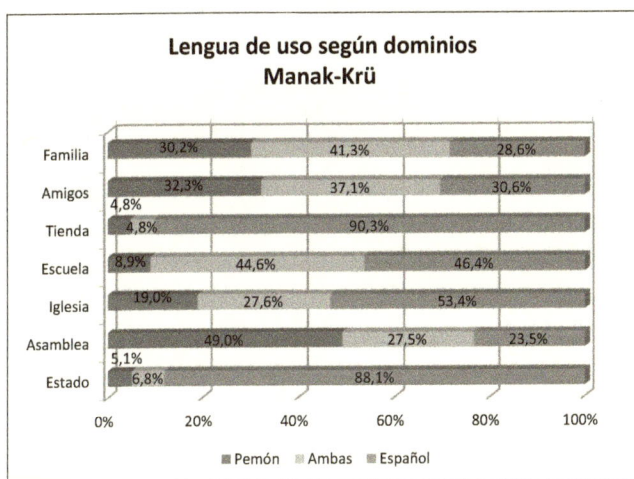

Gráfico 48: Lengua de uso según dominios: Manak-Krü

En la comunidad de Manak-Krü (gráfico 48), el uso de la lengua indígena solo predomina en la asamblea comunitaria (49,0%). El uso del español predomina en la tienda (90,3%), la iglesia (53,4%) y en las relaciones con el Estado (88,1%). El uso de las dos lenguas destaca ligeramente en la familia (41,3%). En la escuela, las proporciones de uso del español y del uso de las dos lenguas son similares (44,4% y 44,6%, respectivamente).

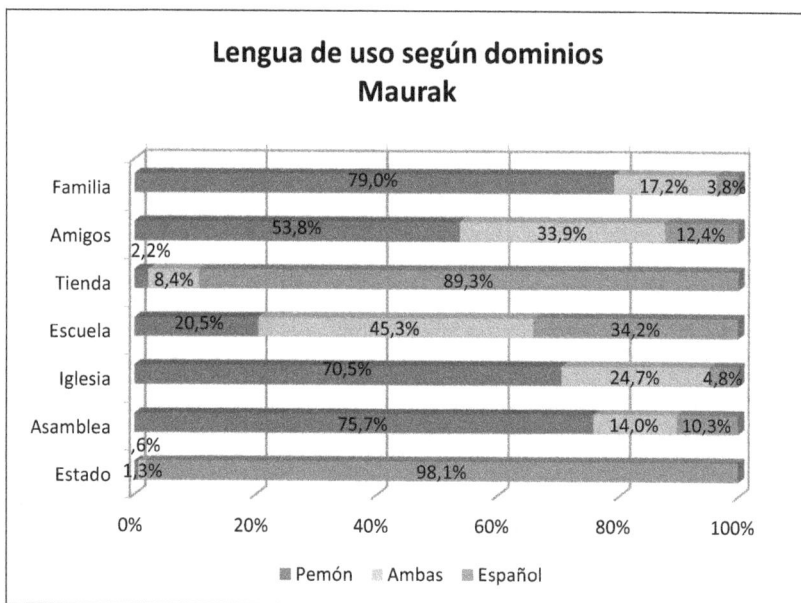

Gráfico 49: Lengua de uso según dominios: Maurak

En la comunidad de Maurak (gráfico 49), predomina ampliamente el uso de la lengua indígena en los dominios familia (79%), amigos (53,8%), iglesia (70,5%) y asamblea comunitaria (75,7%). El uso del español predomina en tienda (89,3%) y Estado (98,1%). En escuela destaca el uso de ambas lenguas (45,3%).

**Lengua de uso según dominios
Paraitepuy de Roraima**

Dominio	Pemón	Ambas	Español
Familia	64,0%		36,0%
Amigos	40,0%	52,0%	8,0%
	12,5%		
Tienda	12,5%	75,0%	
Escuela	29,2%	54,2%	16,7%
Iglesia	36,0%	36,0%	28,0%
Asamblea	80,0%	15,0%	5,0%
Estado	100,0%		

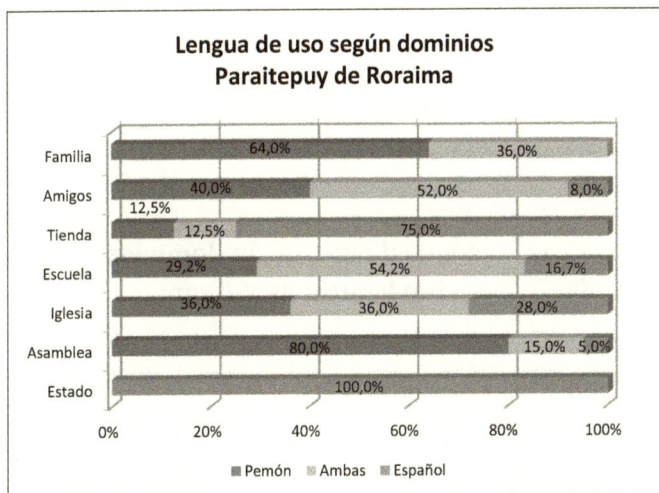

Gráfico 50: Lengua de uso según dominios: Paraitepuy de Roraima

En la comunidad de Paraitepuy de Roraima (gráfico 50), el uso de la lengua indígena predomina en los dominios familia (64,0%) y Asamblea comunitaria (80,0%). El uso del español predomina en tienda (75,0%) y Estado (100%). En escuela (54,2%) y amigos (52,0%) predomina el uso de ambas lenguas.

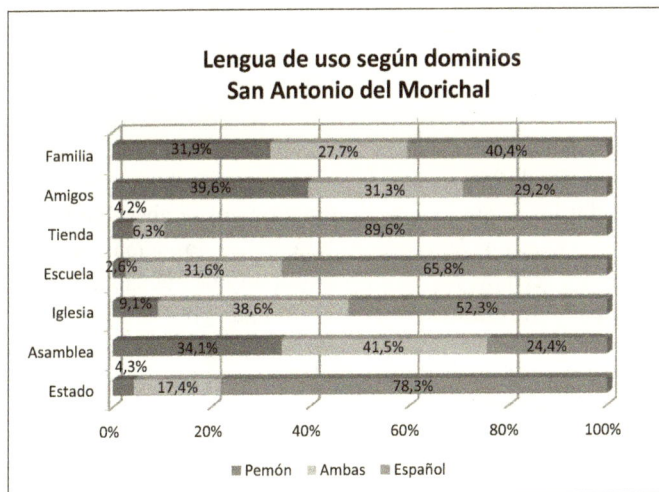

**Lengua de uso según dominios
San Antonio del Morichal**

Dominio	Pemón	Ambas	Español
Familia	31,9%	27,7%	40,4%
Amigos	39,6%	31,3%	29,2%
	4,2%		
Tienda	6,3%	89,6%	
Escuela	2,6%	31,6%	65,8%
Iglesia	9,1%	38,6%	52,3%
Asamblea	34,1%	41,5%	24,4%
	4,3%		
Estado	17,4%	78,3%	

Gráfico 51: Lengua de uso según dominios: San Antonio del Morichal

En la comunidad de San Antonio del Morichal (gráfico 51), el uso de la lengua indígena destaca ligeramente cuando se habla con los amigos (39,6%). El uso del español predomina en tienda (89,6%), escuela (65,8%), iglesia (52,3%) y Estado (78,3%), y muy levemente en familia (40,4%). El uso de ambas lenguas solo predomina en la Asamblea comunitaria (41,5%).

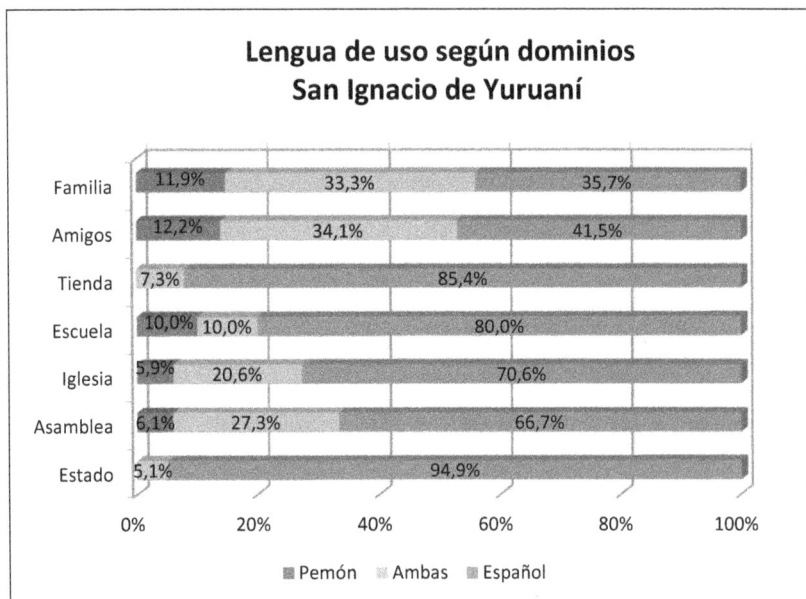

Lengua de uso según dominios
San Ignacio de Yuruaní

Dominio	Pemón	Ambas	Español
Familia	11,9%	33,3%	35,7%
Amigos	12,2%	34,1%	41,5%
Tienda	7,3%		85,4%
Escuela	10,0%	10,0%	80,0%
Iglesia	5,9%	20,6%	70,6%
Asamblea	6,1%	27,3%	66,7%
Estado	5,1%		94,9%

0%   20%   40%   60%   80%   100%

■ Pemón   ▨ Ambas   ■ Español

Gráfico 52: Lengua de uso según dominios: San Ignacio de Yuruaní

En la comunidad de San Ignacio de Yuruaní (gráfico 52), predomina el uso del español en todos los dominios. En familia y amigos se observan las diferencias más pequeñas (35,7% y 41,5%, respectivamente), en los demás, la proporción es superior a las dos terceras partes. En estos dominios mencionados, solo el uso de ambas lenguas alcanza una proporción similar (33,3% y 34,1%, respectivamente).

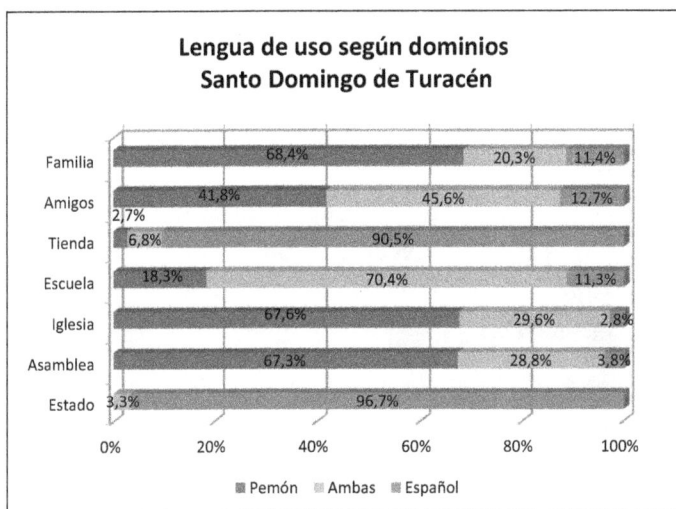

Gráfico 53: Lengua de uso según dominios: Santo Domingo de Turacén

En la comunidad de Santo Domingo de Turacén (gráfico 53), predomina el uso de la lengua indígena en los dominios familia (68,4%), iglesia (67,6%) y Asamblea comunitaria (67,3%). El uso del español predomina en tienda (90,5%), y Estado (96,7%). En escuela predomina el uso de las dos lenguas (70,4%).

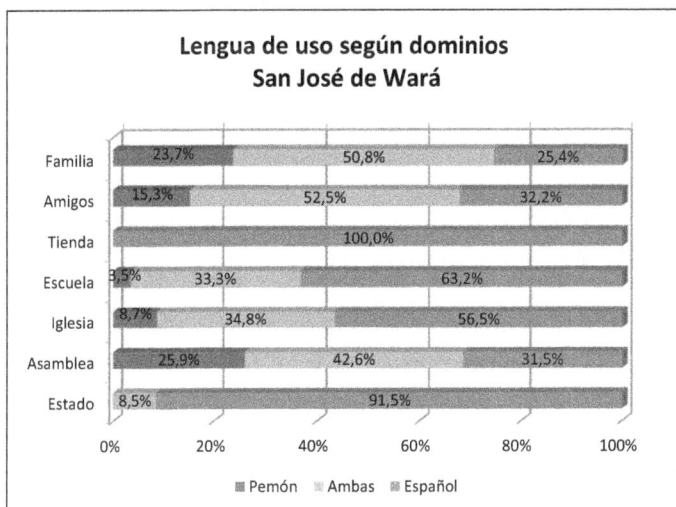

Gráfico 54: Lengua de uso según dominios: San José de Wará

108   Resultados

En la comunidad de San José de Wará (gráfico 54). El uso del español predomina en los dominios tienda (100%), escuela (63,2%), iglesia (56,5%) y Estado (91,5%). El uso de las dos lenguas predomina en familia (50,8%), amigos (52,5%) y Asamblea (42,6%).

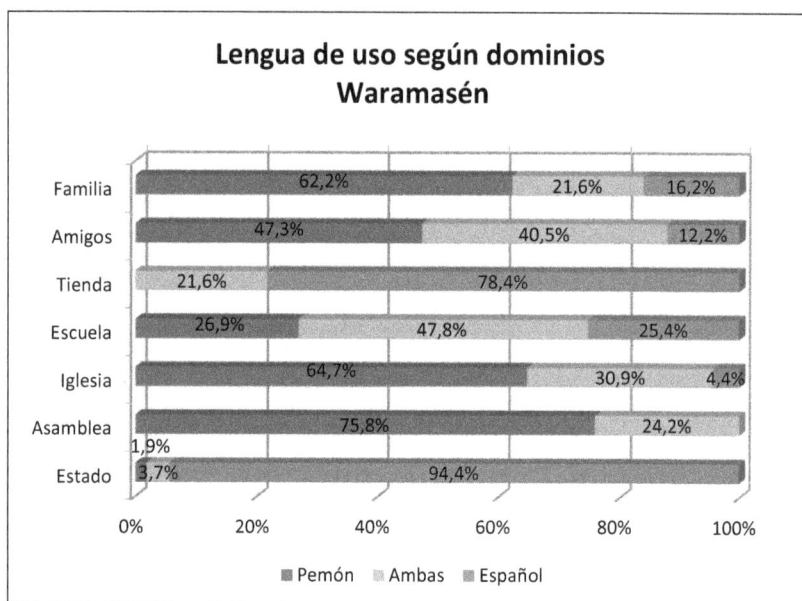

Lengua de uso según dominios Waramasén

Dominio	Pemón	Ambas	Español
Familia	62,2%	21,6%	16,2%
Amigos	47,3%	40,5%	12,2%
Tienda	21,6%		78,4%
Escuela	26,9%	47,8%	25,4%
Iglesia	64,7%	30,9%	4,4%
Asamblea	75,8%	24,2%	
Estado	1,9% / 3,7%		94,4%

Gráfico 55: Lengua de uso según dominios: Waramasén

En la comunidad de Waramasén (gráfico 55), el uso de la lengua indígena predomina en los dominios familia (62,2%), amigos (47,3%), iglesia (64,7%) y asamblea comunitaria (75,8%). Es uso del español es más importante en tienda (78,4%) y en las relaciones con el Estado (94,4%). En escuela predomina el uso de las dos lenguas (47,8%).

5.2.4.2 Lengua de uso según dominios por grupos de edad

Se considerarán ahora los resultados de la lengua de uso según los dominios considerando los grupos de edad.

Lengua de uso según dominio: familia

Grupo de edad	Pemón	Ambas	Español
menos de 12	56,7%	26,7%	16,7%
12-19	61,0%	24,8%	14,3%
20-35	51,8%	32,9%	14,9%
36-49	52,8%	26,4%	18,8%
50 o más	52,8%	30,6%	13,0%

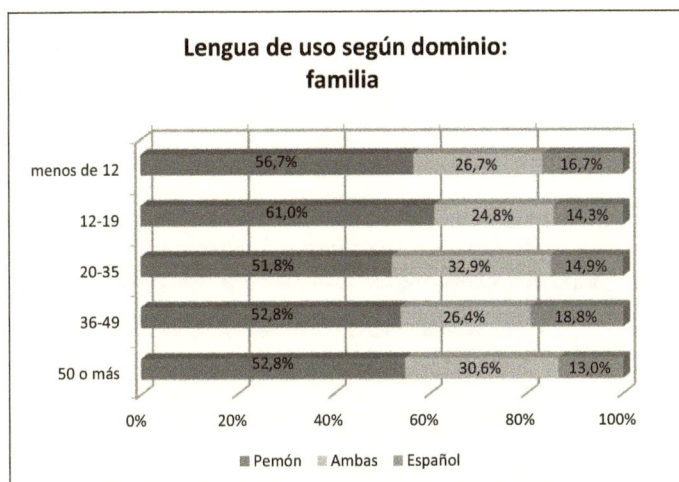

Gráfico 56: Lengua de uso según dominio: familia

El gráfico 56 muestra la lengua de uso en el dominio familia. En este caso, en todos los grupos de edad predomina claramente la lengua indígena, con valores superiores al 51% en todos los casos. El uso de las dos lenguas alcanza en cada grupo proporciones cercanas a 25% y las proporciones del uso del español giran en torno a 15%.

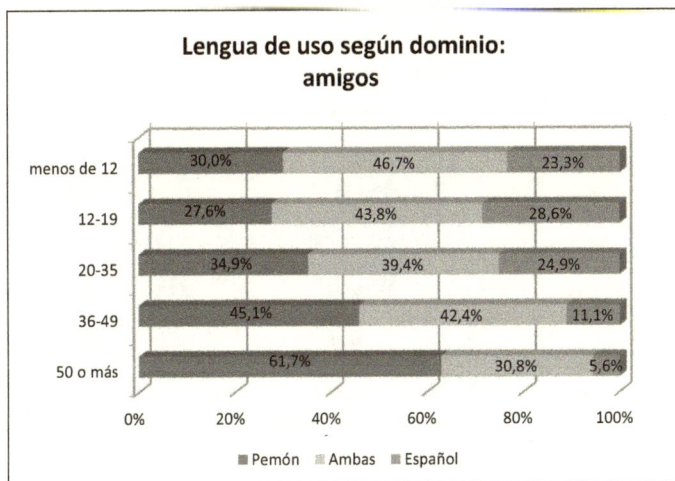

Lengua de uso según dominio: amigos

Grupo de edad	Pemón	Ambas	Español
menos de 12	30,0%	46,7%	23,3%
12-19	27,6%	43,8%	28,6%
20-35	34,9%	39,4%	24,9%
36-49	45,1%	42,4%	11,1%
50 o más	61,7%	30,8%	5,6%

Gráfico 57: Lengua de uso según dominio: amigos

En el gráfico 57 se observan los resultados de uso en el dominio amigos. La lengua indígena solo predomina en el grupo de los mayores de 50 años (61,7%). En los demás grupos de edad tiende a prevalecer el uso de las dos lenguas.

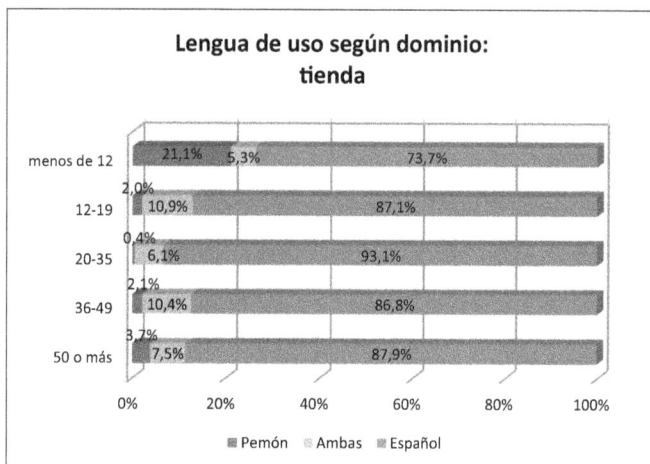

Gráfico 58: Lengua de uso según dominio: tienda

En la tienda, gráfico 58, el predominio del uso del español es bastante claro en todos los grupos de edad, siempre con valores sobre el 73%.

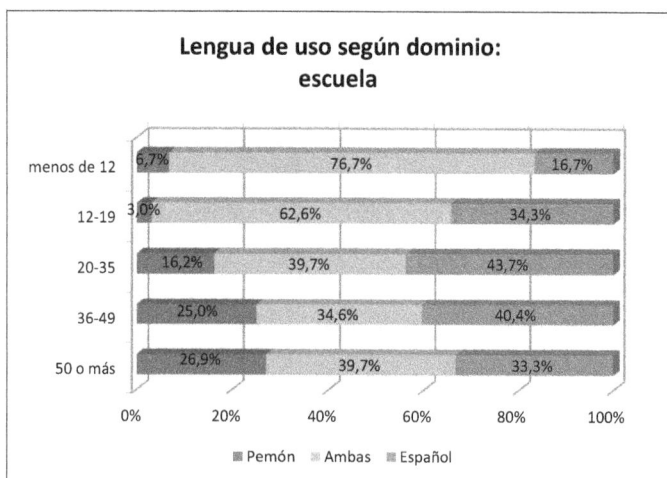

Gráfico 59: Lengua de uso según dominio: escuela

En la escuela, gráfico 59, el resultado es diferente al anterior. En los más jóvenes, los grupos de menos de 12 y el de 12 a 19 años, predomina el uso de las dos lenguas (76,7% y 62,6%, respectivamente). El español predomina en los grupos de 30 a 35 años y de 36 a 49 años (43,7% y 40,4%, respectivamente). En los mayores de 50 años predomina el uso de ambas lenguas (39,7%).

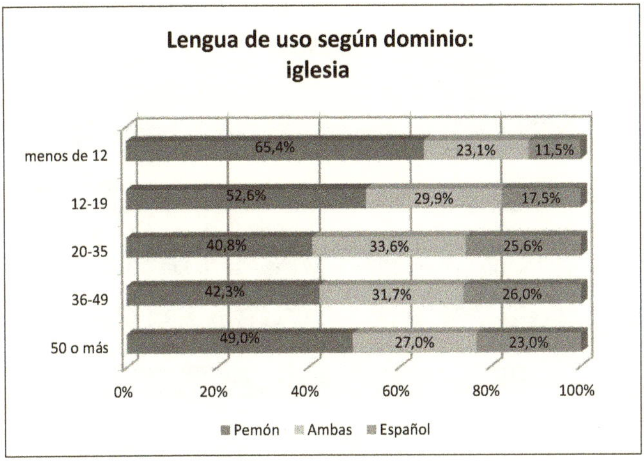

Gráfico 60: Lengua de uso según dominio: iglesia

El gráfico 60 muestra la lengua de uso en el dominio iglesia. En todos los grupos de edad predomina la lengua indígena, con valores superiores al 40%.

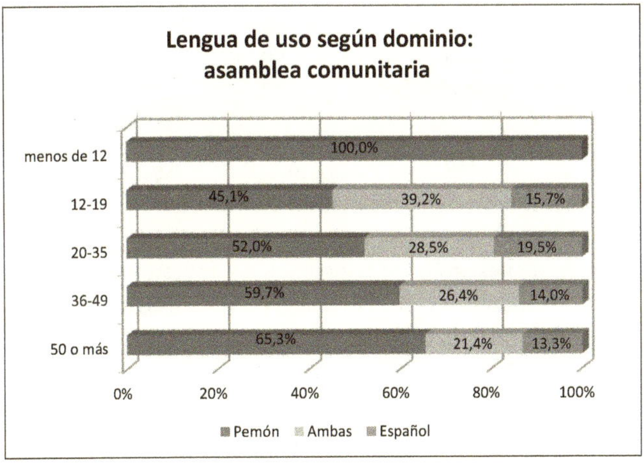

Gráfico 61: Lengua de uso según dominio: asamblea comunitaria

En la Asamblea comunitaria, gráfico 61, siempre predomina el uso de la lengua indígena. El menor de los valores es de 45,1%, en el grupo de 12 a 19 años.

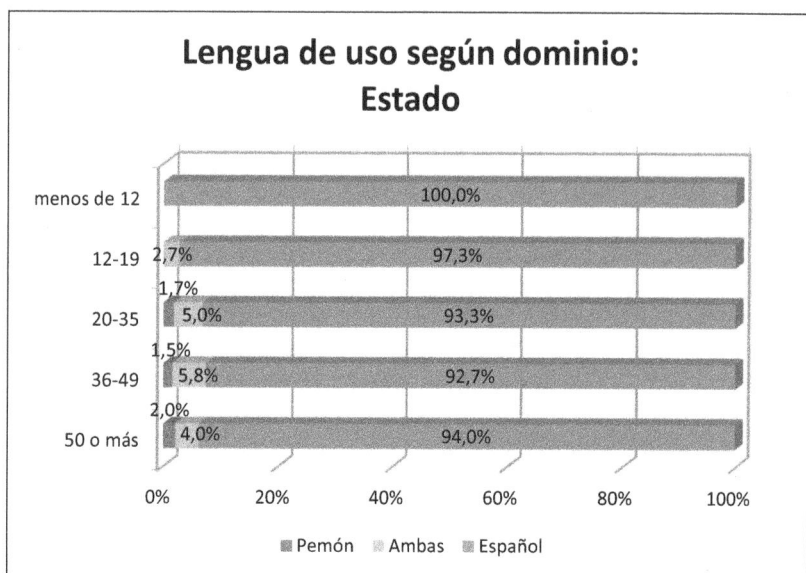

Lengua de uso según dominio: Estado

Grupo	Pemón	Ambas	Español
menos de 12			100,0%
12-19	2,7%	1,7%	97,3%
20-35	5,0%	1,5%	93,3%
36-49	5,8%	2,0%	92,7%
50 o más	4,0%		94,0%

Gráfico 62: Lengua de uso según dominio: Estado

En el gráfico 62 se muestran los resultados del dominio correspondiente a las relaciones con el Estado. El predominio de uso del español es casi absoluto, siempre con valores sobre el 92%.

5.2.4.3 Lengua de uso según dominios por género

A continuación se muestran los resultados, considerando el género, en la lengua de uso según los dominios.

Las figuras siguientes, gráfico 63 y gráfico 64, muestran que, prácticamente, no se encontraron diferencias en cuanto al género. La distribución de las proporciones es bastante similar en cada uno de los dominios.

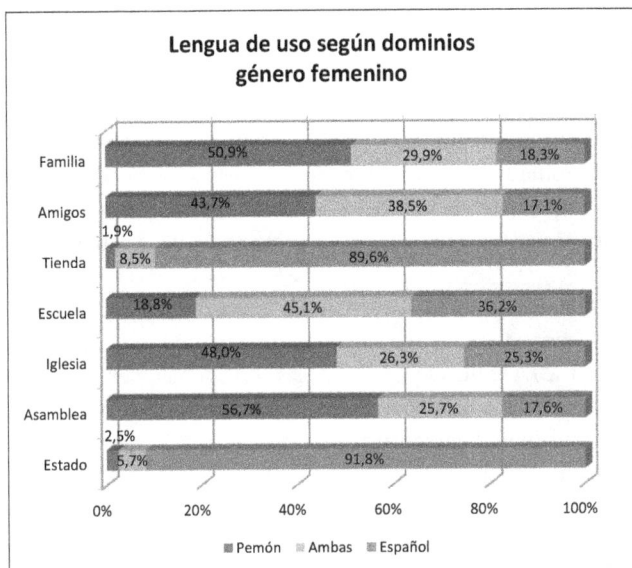

Gráfico 63: Lengua de uso según dominios: género femenino

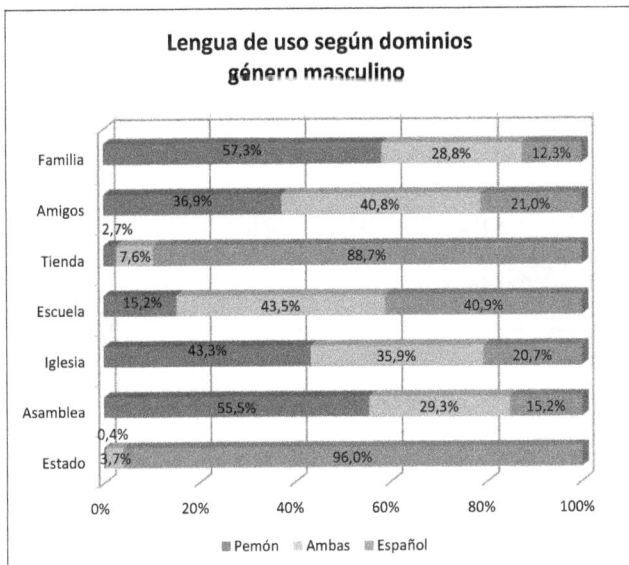

Gráfico 64: Lengua de uso según dominios: género masculino

5.3 Resultados cualitativos

A continuación se discuten los resultados de la segunda parte del cuestionario correspondientes al conjunto de respuestas abiertas. En cada aparte se señalará el tema tratado en las preguntas, seguido de comentarios y de algunos ejemplos característicos tomados del conjunto de respuestas de los encuestados. Estos ejemplos, que se presentan a modo descriptivo, se escribirán entre comillas, indicando las características de la persona correspondiente, a saber, género, edad y comunidad.

Cada aparte es acompañado de una serie de comentarios que analizan aspectos sociolingüísticos y de las relaciones de poder implicadas. Lo referente a la sociolingüística se ha realizado siguiendo las consideraciones de Terborg (2006), que implican nociones como *la acción, las presiones, la intención, los intereses, la competencia, la facilidad compartida, las ideologías y las necesidades*, nociones que se presentan en detalle en la introducción de este volumen. En cuanto a las relaciones de poder, se ha seguido a Van Dijk.

5.3.1 Utilización de la lengua indígena en los medios de comunicación

A la pregunta *"¿Le gustaría que los medios de comunicación utilizarán la lengua pemón?"*, la mayoría de los encuestados respondieron afirmativamente. Varios aspectos sobresalen del conjunto de las respuestas. Por un lado, destacan los que se refieren a la conservación de la herencia cultural:

> *"Por supuesto, porque la gente va perdiendo su cultura"*, femenino, 46 años, San Ignacio de Yuruaní.

En este ejemplo de respuesta se expresa el *interés* del uso del pemón en los medios de comunicación. La encuestada considera que este uso contribuye al mantenimiento de la cultura, que promueve la buena *competencia* de la lengua pemón y contribuye a la *facilidad compartida* dentro de la comunidad.

Por otro lado, también se encuentran respuestas que resaltan el mantenimiento de la competencia lingüística en las nuevas generaciones:

> *"Claro, para que los niños se adapten. Aquí ya no hablan"*, femenino, 26 años, San José de Wará.

> *"Sí, porque así aprenden más los niños. Se está perdiendo la cultura"*, femenino, 23 años, San Antonio del Morichal.

En estos ejemplos se expresa el *interés* en el uso de la lengua pemón en los medios para mantener o aumentar la *competencia* de los niños ya que, a menudo ya no la hablan. De esta manera también se aumenta la *facilidad compartida*.

También se encuentran respuestas que ponen en relieve que la utilización de la lengua indígena en los medios permitiría hacer accesibles informaciones a aquellas personas que solo hablan pemón o que utilizan esta lengua preferentemente, así como para aquellos que poseen competencias limitadas en el español:

"Sí, porque lo entiendo más fácil", femenino, 30 años, Santo Domingo de Turacén.

"Sí, porque así entiendo más lo que dicen", femenino, 35 años, San Antonio del Morichal.

"Por supuesto, porque hay otros adultos que no entienden castellano", femenino, 39 años, San José de Wará.

Estas respuestas muestran el *interés* de los encuestados en el uso del pemón en los medios para que las personas que no hablan castellano (o poseen una baja *competencia*) puedan entender.

Los ejemplos muestran también que hay individuos indígenas que tienen una competencia lingüística en castellano muy baja. Como los medios de comunicación actualmente utilizan el español, estas personas están limitadas en cuanto a las informaciones que pueden recibir. Así, de una desigualdad a nivel de la competencia lingüística resulta también una desigualdad a nivel del acceso a la información. Las personas que no tienen una buena competencia en español reciben menos información y con ello ven limitada su participación en la vida social y en las relaciones con el Estado. Esto tiene enormes efectos secundarios: la falta de competencias lingüísticas limita la participación en la política y en la vida democrática.

Otro conjunto de respuestas subraya que el uso del pemón en los medios permite facilitar la transmisión de las informaciones locales, tanto dentro de la propia comunidad como hacia las otras comunidades:

"Sí, para que lleguen las informaciones del pueblo a todas las comunidades y los ancianos puedan entender", femenino, 24 años, Waramasén.

En este ejemplo se expresa nuevamente el *interés* en el uso del pemón en los medios de comunicación con el fin de que las personas sin competencia en castellano puedan entender, y de esta manera aumentar la *facilidad compartida* del pemón y la comunicación entre las comunidades.

Esta cita muestra que los ancianos con baja competencia en castellano tienen un acceso limitado a la información. El desequilibrio en la competencia implica relaciones de poder, donde los que tienen una mejor competencia de la lengua mayoritaria imponen su dominio sobre los otros.

Finalmente, otras respuestas destacan el interés existente en el fortalecimiento de la posición de la lengua y la cultura indígena a nivel local y nacional:

> *"Claro, por supuesto, para impulsar y fortalecer el idioma indígena a nivel local y nacional", masculino, 30 años, Chirikayén.*

> *"Sería buena idea, así se ve que el indígena tiene esa capacidad de llegar más allá", masculino, 29 años, San Ignacio de Yuruaní.*

> *"Debería haber bastante porque estamos en zona indígena. Revalorizar el idioma con películas", femenino, 52 años, San Ignacio de Yuruaní.*

> *"Sí porque tenemos derecho a aprender de lo que dicen las demás personas", femenino, 19 años, San Antonio del Morichal.*

Los ejemplos muestran el *interés* de los encuestados en el uso del pemón en los medios. Según ellos, le daría más importancia a la lengua pemón y podría influenciar incluso la *ideología* de los hablantes quienes le darían más valor.

5.3.2 Transmisión intergeneracional de la lengua

A la pregunta *"¿Qué lengua considera que debe enseñarse a los niños?"* la mayoría de los encuestados respondió que debían ser ambas lenguas, tanto el pemón como el español. Son pocas las respuestas que privilegian la enseñanza únicamente del español. Igualmente se encontraron respuestas que consideraban importante, además del español y el pemón, el aprendizaje de los otros idiomas presentes en la zona, el portugués y/o el inglés:

> *"Español, portugués y pemón. Deberían ser los tres porque estamos en la frontera", femenino, 35 años, San Antonio del Morichal.*

> *"Inglés, castellano y pemón", femenino, 29 años, San Ignacio de Yuruaní.*

> *"Inglés, portugués, castellano, taurepán aquí", masculino, 25 años, Paraitepuy de Roraima.*

Los ejemplos anteriores muestran que los indígenas sienten la *presión*, el *interés* y la *intención* de enseñar más de una lengua a los niños. A saber, inglés, portugués, castellano y pemón. Los que mencionan el inglés consideran que es esencial una buena competencia en esta lengua. La *facilidad compartida* es el español y, dado que los pemón viven en la frontera con Brasil, el portugués.

Estos ejemplos muestran factores del poder socioeconómico. Los indígenas tienen interés en aprender el español y el portugués por motivos laborales y económicos. Estas competencias lingüísticas aumentan las probabilidades de integración en el mercado laboral.

Las razones señaladas para la enseñanza del pemón se refieren al mantenimiento de la lengua y cultura. Con respecto al portugués, se destacó la proximidad con Brasil.

En cuanto a la distribución de estos contenidos según el género, llama la atención que entre quienes favorecen la enseñanza del pemón a los niños, cerca de las dos terceras partes, son mujeres. Por el contrario, entre quienes están a favor de una educación monolingüe en español, cerca de las tres cuartas partes son hombres.

Si se agrupan los resultados por comunidad, en la comunidad de San José de Wará, se encontró una importante proporción de respuestas en favor de la educación del pemón y de la preservación de la lengua indígena. La preservación de la lengua como parte de la cultura destaca en la comunidad de San Antonio del Morichal.

5.3.3 Importancia de la lengua indígena

A la pregunta "*¿Cree que el pemón es de igual importancia que el español?*" la mayoría de los encuestados respondieron que consideran que ambas lenguas son igualmente importantes. Algunos encuestados distinguieron entre diferentes dominios de uso. Por ejemplo, entre la familia, donde utilizan el pemón, y en la vida laboral, donde usan el español. También se destaca la importancia de que se siga enseñando la lengua para que no se pierda y se mantenga la cultura. Por este aspecto, muchos encuestados consideran que el pemón es más importante que el español, porque lo consideran la lengua de los antepasados y ven como una obligación el transmitir, de generación en generación, lo que llaman "nuestra lengua". Igualmente, para garantizar la vitalidad y el buen manejo del pemón.

Al contrario, algunos encuestados consideran que el español es más importante. Dentro de estas respuestas se destaca que el español hace posible la comunicación interregional, incluso con hablantes de otras lenguas indígenas:

> "*Castellano, porque así se puede uno defender y aprender más*", femenino, 22 años, Maurak.

La cita considera la *competencia* del español como más importante. La *facilidad compartida* es el español. Así, la persona encuestada siente la *presión*, el *interés*, la *intención* y muestra la *acción* de hablar español. Ella acepta la *ideología* del grupo dominante que el español es la lengua más importante.

Una buena competencia del castellano es considerada importante. Los indígenas que quieren realizar estudios necesitan el castellano. Sin una buena competencia en castellano las personas quedan excluidas de la formación y del avance socioeconómico.

Pocos encuestados responden que el español es más importante, ya que la mayoría del país lo habla:

"Castellano, porque el 80% del país lo habla", masculino, 46 años, Maurak.

En este ejemplo, la persona encuestada considera que una buena *competencia* en español es importante, porque la mayoría de los venezolanos lo habla. A nivel nacional la *facilidad compartida* es el español. En este ejemplo se acepta la *ideología* que el español es la lengua más importante y dominante porque más personas la hablan.

También se señalan las mejores posibilidades de formación para las personas que saben el español:

"Castellano, porque cuando se va a estudiar lejos, hay que saber castellano", masculino, 16 años, Maurak.

La buena *competencia* en español es considerada importante para poder estudiar y para la vida fuera de la comunidad Así, el hablante siente la *presión*, tiene la *intención* y el *interés* de saber bien castellano y lo habla (*acción*). La *facilidad compartida* en su vida es el español.

Algunos pocos encuestados responden que el pemón no corresponde a las exigencias de nuestro tiempo:

"Castellano, porque la mayoría no somos como los de antes, nuestros antepasados", femenino, 76 años, Manak-Krü.

En este ejemplo, la persona encuestada considera que una buena *competencia* en español es esencial. Por la razón que la gente no es más como "los de antes" la hablante no tiene *interés* en el pemón. Siente la *presión* de hablar castellano.

En general, se considera el inglés como la segunda lengua más importante junto al español:

"El inglés, el español", femenino, 68 años, San Ignacio de Yuruaní.

La persona de este ejemplo considera que una buena *competencia* tanto en castellano como en inglés es importante. Ella adopta la *ideología* y la actitud del grupo dominante hispanohablante.

El hecho de que el pemón sea la lengua de los antepasados hace que forme parte de la identidad:

"Claro, es de los ancestros y la lengua oficial de las comunidades", masculino, 40 años, San José de Wará.

"Claro, es lo que nos representa como indígenas", masculino, 18 años, San José de Wará.

Este último ejemplo muestra la *ideología* que el pemón forma parte de la identidad indígena y que por eso se estima.

Junto a la identidad, también se asocia con el mantenimiento de la cultura indígena:

"El español y el taurepán para que no se pierda la cultura", femenino, 36 años, San Ignacio de Yuruaní.

En este ejemplo, la persona encuestada considera que una buena *competencia* en pemón es importante porque forma parte de la cultura. Por eso *tiene* el *interés* y la *intención* de hablarlo. En su *ideología* la lengua y la cultura pemón son valores importantes.

5.3.4 La lengua indígena en el contexto escolar

A la pregunta *"¿Cree que el pemón debe enseñarse en la escuela?"* la gran mayoría de los encuestados respondió afirmativamente. La enseñanza del español, junto al pemón, es considerado importante. Solo muy pocos están en contra y argumentan que es más importante aprender español:

"No, que aprendan español", masculino, 26 años, Paraitepuy de Roraima.

Esta respuesta muestra el *interés* en el español. Según el hablante la *facilidad compartida* es el español. Una buena competencia en esta lengua es lo que cuenta para él, una buena competencia del pemón no tiene importancia.

El hablante indígena acepta la *ideología* del grupo dominante que el castellano es más importante.

También se señala que los maestros de todas maneras hablan español con los niños:

"No, en castellano, porque los maestros hablan en castellano con los niños", femenino, 29 años, Maurak.

Este ejemplo también expresa el *interés* en que los niños aprendan y hablen el español. La buena *competencia* en español es considerada importante. La razón que se da aquí es que los maestros hablan español. La persona encuestada no manifiesta la posibilidad de una enseñanza en pemón. Esta hablante muestra la *ideología* vigente del grupo mayoritario de que el español es la lengua dominante y la que permite acceso a la formación.

La gran mayoría de los encuestados, los que dicen que sí debe enseñarse el pemón en la escuela, señalan que se debe favorecer la competencia lingüística de los niños para facilitar la comunicación dentro de las comunidades con las personas ancianas:

"Sí, para saber hablar con la gente, si uno vive en la comunidad", masculino, 15 años, Chirikayén.

Dentro las comunidades la *facilidad compartida* es la lengua indígena. Por eso el joven del ejemplo anterior considera importante una buena *competencia* del pemón, mostrando un *interés* y la *intención* de aprender y hablar bien dicha lengua.

Entre los aspectos importantes en los que se basa la actitud general positiva se encuentran la preservación de la lengua y de la cultura. Igualmente se destaca la importancia del dominio de la lengua, y algunas de las personas encuestadas se preocupan por la transmisión del pemón tanto hablado como escrito, dado que no muchos dominan estas competencias.

Hay, también, quienes se lamentan de la escasa competencia lingüística entre muchos indígenas:

"Sí, aunque somos indígenas, algunos no lo conocen", femenino, 34 años, Santo Domingo de Turacén.

El ejemplo muestra que la competencia en pemón entre la población indígena es, a veces, insuficiente. Asimismo, se hace evidente la existencia de personas indígenas que no hablan el pemón (*acción*) y que tampoco sienten bastante *presión* o *interés* para cambiar esta circunstancia y aprenderlo.

De igual manera, el ejemplo muestra que uno de los efectos del poder ejercido por los hispanohablantes sobre los indígenas es que muchos de ellos abandonen su lengua.

Sin embargo, hay quienes ven la competencia del idioma en los niños, como un aspecto importante y señalan la posibilidad de fomentarlo a través de la educación escolar.

Si se observan los resultados por comunidad, el dominio de la lengua pemón es particularmente importante para los encuestados de la comunidad de Maurak, así como el contacto de lenguas y el contacto cultural.

5.3.5 Sentimiento de vergüenza lingüística

En la pregunta "¿Alguna vez ha tenido pena de hablar pemón? ¿Con quién o en dónde?" se registraron pocas respuestas afirmativas y, dentro de estas, casi todas se refieren a problemas en escuelas y hospitales, así como fuera de la zona indígena, donde a muchos les da vergüenza de hablar en pemón, llegando incluso a negar su identidad. Por ejemplo:

"Sí, cuando estaba con los sacerdotes, en la escuela", masculino, 40 años, San José de Wará.

En este ejemplo, el hablante siente la *presión* de hablar español, porque sus interlocutores no poseen ninguna *competencia* en la lengua indígena. La *facilidad
compartida* es, entonces, el español. *Necesidades* como, por ejemplo, recibir atención en un hospital *presionan* al hablante a hablar español, así que el hablante
muestra el *interés*, la *intención* y la *acción* de usar esta lengua.

El ejemplo muestra que instituciones como la escuela fuerzan (ejercen el
poder sobre) los indígenas a hablar castellano.

De modo contrario, es posible encontrar declaraciones como la siguiente:

> *"Sí, cuando fui a predicar y me pidieron que tradujera del castellano al pemón"*, masculino,
> 29 años, San Ignacio de Yuruaní.

En este caso la *facilidad compartida* es el pemón. La persona menciona que en
el contexto de la iglesia el auditorio tenía el *interés* de comunicar en esta lengua,
su *intención* fue comunicar en la lengua indígena y pidieron la *acción* de que
la hablara. La *competencia* en pemón de los participantes era más alta que en
español.

Con la situación de contacto fuera de la comunidad y en la ciudad surgen
otros problemas. Algunos encuestados, por ejemplo, dijeron haber tenido dificultades en el pasado:

> *"Alguna vez cuando era niña, ahora no"*, femenino, 27 años, San Antonio del Morichal.

En este ejemplo se manifiestan problemas en el pasado que causaron *presiones* (y
el *interés*, la *intención* y, probablemente, la *acción*) sobre una niña indígena para
usar el español.

Así mismo, algunas veces, los entrevistados mencionan factores internos,
como el temor a cometer errores, hablar con acento o la vergüenza, que pueden
llevarlos incluso a negar su pertenencia a la etnia pemón:

> *"Antes sí, me daba pena equivocarme"*, femenino, 38 años, San Ignacio de Yuruaní.

> *"Sí, me da pena"*, femenino, 17 años, San Antonio del Morichal.

> *"Sí, porque no acostumbro"*, femenino, 18 años, Santo Domingo de Turacén.

> *"Sí, porque no sé hablar bien"*, femenino, 22 años, Maurak.

> *"Sí, en público, aunque también español. De repente hablo mal la pronunciación porque
> somos diferentes etnias"*, femenino, 36 años, San Ignacio de Yuruaní.

Los ejemplos anteriores muestran que, por motivo de una mala *competencia* en
pemón, muchos indígenas pueden sentir vergüenza de hablarlo y tener la *presión*
(y el *interés*, la *intención* y la *acción*) de hablar español.

Así, un encuestado afirma:

"Sí, en Caracas, incluso en el trabajo negué ser indígena", masculino, 53 años, Manak-Krü.

Este ejemplo muestra que la *ideología* del grupo dominante puede llevar a los indígenas a sentirse inferiores y a sentir vergüenza, con ello, sienten la *presión*, tienen el *interés* y la *intención* de hablar español (*acción*). La *facilidad compartida* aquí es el español.

El poder social del grupo dominante hispanohablante controla la parte restante de la sociedad de tal manera que el hablante no solo siente la presión de hablar castellano sino que incluso niega su identidad como indígena.

5.3.6 Futuro de la lengua indígena

A la pregunta *"¿Cree que el pemón pueda desaparecer algún día?"*, la mayoría de los encuestados respondieron negativamente.

Algunos dicen que en la propia comunidad la lengua se mantendrá, pero que en las otras sí podría desaparecer:

"Aquí no, en otros comunidades sí", masculino, 25 años, Paraitepuy de Roraima.

Según el ejemplo la *facilidad compartida* y la *competencia* en pemón son lo bastante buenas para que la lengua no desaparezca en la comunidad. Esta perspectiva personal no se corresponde con los resultados mencionados en la parte cuantitativa de este análisis. El hablante ciertamente tiene el *interés* y la *intención* de mantener el pemón. Pero, seguramente, esto no bastará para cambiar la realidad, la *facilidad compartida* y la *ideología* vigente.

Otros encuestados esperan que este proceso pueda detenerse, por ejemplo a través de la enseñanza en la escuela:

"Así como estamos hoy, sí. Pero hay docentes que hacen que no", masculino, 68 años, Waramasén.

Este ejemplo muestra que la *facilidad compartida* tiende a la supresión del pemón. No obstante, se observa que existen el *interés*, la *intención* e incluso diferentes *acciones* por parte de algunos docentes para impedir la muerte de la lengua y a lo mejor, incluso, un cambio de la *ideología*.

Aquellos que temen la extinción de la lengua indígena critican el hecho de que la lengua ya no sea transmitida:

"En 20 años ya no va a existir, los jóvenes no hablan", masculino, 69 años, San Ignacio de Yuruaní.

"De repente; aquí los niños entienden, pero no lo hablan", femenino, 24 años, San Antonio del Morichal.

"No sé decir, creo que sí, aquí los niños ya no hablan", femenino, 26 años, San José de Wará.

"No, por eso hay que dar clases. Algunos niños se han olvidado del dialecto", masculino, 35 años, Maurak.

"Sí, desde que entró la civilización está disminuyendo. Si a los niños no se les enseña, se va a perder.", masculino, 60 años, Maurak.

Reflexiones como estas muestran que la competencia del pemón de los niños es mínima. Que los niños no tienen ni el *interés* ni la *intención* de hablar pemón y que la *facilidad compartida* intergeneracional es el español.

En la última de las citas se afirma que, desde la entrada de la civilización hispanófona, el castellano domina de tal manera que los niños ya no hablan la lengua indígena, encontrándose esta, por lo tanto, en una situación de amenaza. Este fenómeno representa una forma de opresión colonialista.

En este contexto se observa el deseo de la gente de que se impartan clases de pemón:

"Sí, si nuestra generación no lo enseña, más tarde va a desaparecer", femenino, 47 años, Maurak.

"Sí, si no se lleva una supervisión y control en educación y ayuda a los docentes", femenino, 38 años, Maurak.

Estas citas expresan el deseo de acción en favor de la lengua pemón: como por ejemplo el apoyo a los docentes en el medio escolar y el aumento de su uso por parte de los mayores. Las personas citadas tienen el *interés* y la *intención* de mejorar la *competencia* y los conocimientos del pemón de los niños.

La sustitución de la lengua pemón por el castellano en las comunidades es un proceso actual:

"Tal vez cuando no haya nadie que hable. Antes cuando yo era niño no hablaban español, igual que pasa con el pemón", femenino, 50 años, Maurak.

La anterior afirmación muestra que actualmente la *competencia* del pemón de los niños es mínima y que estos hablan (únicamente) español; de nuevo, la *facilidad compartida* es español. En los tiempos de la niñez de este hablante que tiene 50 años, la situación era al revés, la competencia en pemón de los niños era alta, mientras que la competencia en español era inexistente. Esta cita muestra un cambio de la *facilidad compartida* que hace 50 años en la comunidad fue el pemón, mientras que los niños de hoy hablan español y la *facilidad compartida* entre las generaciones es español.

En cuanto a la distribución de estos contenidos, destaca que las mujeres parecen estar más preocupadas por la desaparición del pemón que los hombres. Casi

las dos terceras partes de quienes dicen temer la desaparición de la lengua indígena son mujeres.

5.3.7 Percepción externa de la lengua indígena

La pregunta *"¿Qué dicen los otros del pemón?"* reunió un conjunto de respuestas
diferentes. Los encuestados señalaron que muchos consideran al pemón como
poco importante o como innecesario:

> *"Es como si no fuera importante"*, masculino, 36 años, San Ignacio de Yuruaní.

> *"¿Por qué hablan así?, no nos entienden porque hablan español"*, femenino, 23 años,
> Maurak.

Según estas citas los pemón sienten la *presión* de hablar español, porque el grupo
dominante no entiende la lengua indígena ni tiene *interés* en ella, tampoco
les importa la existencia del pemón. La *facilidad compartida* es el español, la
comunicación con otros grupos fracasa si no se usa el español. De esto resulta
el *interés*, la *intención* y la *acción* de los pemón de usar la lengua dominante, el
castellano, en la comunicación.

Estos ejemplos muestran que para el grupo dominante, de los venezolanos
hispanohablantes, la lengua pemón no tiene importancia ni valor y tampoco
muestran respeto para esta lengua minoritaria. Este fenómeno corresponde
a la opresión socioeconómica (y al racismo), como la ha mostrado Van Dijk
(1999, pág. 206). El grupo dominante fuerza al grupo minoritario de usar su
idioma, el español. Esto es una tendencia de colonialismo continuo persistente
(como ya los colonizadores españoles forzaron a los indígenas a la adaptación
lingüística y cultural desde el inicio de la colonización). La competencia lingüística en pemón de los venezolanos hispanohablantes es casi inexistente.
Así una comunicación en pemón entre los grupos lingüísticos es imposible
y fracasa a causa de la baja competencia lingüística y de los sistemas de valores e ideologías diferentes. El grupo dominante fuerza al grupo minoritario a
adaptarse.

A menudo, los encuestados refieren que los otros, simplemente, no dicen nada:

> *"Nada"*, femenino, 18 años, Santo Domingo de Turacén.

Otros valoran la lengua indígena de una manera claramente negativa:

> *"Algunos se burlan: "indio" ", masculino, 17 años, Maurak.*

> *"Algunos criollos dicen que es chimbo[15]", femenino, 22 años, San Antonio del Morichal.*

> *"Eso es mala educación", femenino, 61 años, Manak-Krü.*

> *"Lo critican, que es como guachi-guachi[16]", masculino, 29 años, San Ignacio de Yuruaní.*

También el pemón es visto como algo antiguo:

> *"Dicen que es antiguo", femenino, 65 años, San José de Wará.*

Señalan que hay quienes sienten vergüenza ser pemón y niegan su identidad:

> *"Muchos se intimidan, les da miedo hablar su lengua", masculino, 28 años, Paraitepuy de Roraima.*

Los indígenas sienten una *presión* tan fuerte de integrarse en el grupo dominante que incluso tienen miedo de hablar su idioma. Esta *presión* puede resultar en el *interés*, la *intención* y la *acción* de no hablar su lengua indígena y de aceptar la *facilidad compartida* española.

El poder social del grupo dominante de venezolanos hispanohablantes corresponde al control de una parte de la sociedad sobre la otra. Este control del grupo dominante determina el comportamiento del grupo de los indígenas que, como muestra esta cita, tienen miedo de usar su idioma y se someten al dominio del otro grupo social.

Los pemón sienten la obligación de hablar español:

> *"Que no lo entienden, que hablemos en español.", femenino, 20 años, Santo Domingo de Turacén.*

La competencia del pemón de los venezolanos hispanohablantes es mínima. Como ellos no entienden el pemón, el grupo minoritario indígena siente la *presión* de hablar español para comunicarse con los hispanohablantes. Esto resulta en el *interés*, la *intención* y la *acción* de los pemón de hablar español para comunicar fuera de su grupo. Esto aumenta la importancia del español para la *facilidad compartida*.

Por otro lado, los encuestados señalan que hay quienes piensan que el pemón es importante y que debe ser valorizado:

---

15   En el español de Venezuela: malo, de mala calidad.
16   En el español de Venezuela: onomatopeya para referirse a algo incomprensible.

"Al indígena le gusta, a los otros le es indiferente", femenino, 28 años, San Antonio del Morichal.

"Que debemos valorizarlo", femenino, 26 años, Maurak.

"Que es bonito para ellos, que no debería perderse", masculino, 35 años, Manak-Krü.

"Que lo respeten y otros quieren aprender", masculino, 21 años, Maurak.

Igualmente, se habla de personas interesadas en aprender bien la lengua:

"Dicen que es importante y que quieren aprender", masculino, 16 años, Santo Domingo de Turacén.

"A algunos no le gusta; a pocos le gustaría aprender", femenino, 19 años, Maurak.

"Algunos están interesados en aprender", femenino, 27 años, Waramasén.

"Les parece bien aprender y comunicarse con la gente indígena", masculino, 19 años, Maurak.

"Piden que les enseñe", femenino, 17 años, San Ignacio de Yuruaní.

"Que les gustaría enseñar a los niños, pero hay padres que no les enseñan", femenino, 25 años, San Antonio del Morichal.

Según estas citas hay personas que tienen el *interés* y la *intención* de aprender y hablar bien el pemón. Pero las citas no muestran *acciones* concretas y ni cambios en la *facilidad compartida*. Los interesados parecen quedar limitados en la *intención*.

Y hay quienes dicen que no se pierda la lengua:

"Que es lindo y que no lo pierdan", femenino, 53 años, Maurak.

"Quieren que se mantenga", masculino, 19 años, Santo Domingo de Turacén.

Las citas muestran que hay personas que tienen un interés en el mantenimiento de la lengua indígena y que consideran la extinción de la lengua como una lástima. Estas personas ciertamente tienen el *interés* y la *intención* de mantener la lengua pero *acciones* concretas y cambios en la *facilidad compartida* o en la *ideología* no se mencionan.

6 Discusión de los resultados

En el aparte anterior se mostró el conjunto de resultados, tanto cuantitativos como cualitativos, obtenidos a partir de la aplicación del cuestionario descrito con anterioridad. A continuación se destacarán los aspectos más importantes de estos resultados.

En cuanto a la competencia lingüística, si se toman en cuenta los resultados generales, se encontró que la proporción del español es algo superior a la del pemón (74,6% frente a 68,9%). A esto hay que agregarle que 14,2% de los encuestados dijo no tener ninguna competencia en la lengua indígena, frente a solo 1,5% en español.

Por su parte, si se consideran los resultados según la comunidad de origen del encuestado, se observan grandes diferencias en cuanto a la competencia. Por un lado, se observan comunidades donde la mayor competencia lingüística corresponde a lengua indígena (Chirikayén, Maurak, Paraitepuy de Roraima, Santo Domingo de Turacén y Waramasén) y, por otro lado, otras comunidades en las que la mayor competencia corresponde al español (Manak-Krü, San Antonio del Morichal, San Ignacio de Yuruaní y San José de Wará). En este último grupo, en una de las comunidades (San Ignacio de Yuruaní) la mitad de las personas dijo no saber nada de la lengua indígena y en otras dos comunidades (Manak-Krü y San José de Wará) el desconocimiento fue cercano a la cuarta parte de los encuestados.

Así, en la primera de las tres variables de análisis consideradas, comunidad de origen, se observa que el comportamiento lingüístico no es homogéneo. En unas comunidades se registró una mayor competencia lingüística en español, mientras que en otras esta es en pemón.

Al observar los resultados teniendo en cuenta la segunda variable, es decir, según la edad de los encuestados, se observa que la competencia en la lengua indígena es mayor a medida que se avanza en el grupo de edad y, en modo contrario, la competencia en español es menor a medida que se aumenta en el grupo de edad. De este modo, los más jóvenes tienen una menor competencia lingüística en pemón, mientras que los mayores tienen una menor competencia en español.

Este resultado puede estar señalando una falta de transmisión intergeneracional del pemón, pues las nuevas generaciones no poseen la misma competencia lingüística que las generaciones anteriores. En los jóvenes la lengua nacional está desplazando a la lengua indígena.

Cabe señalar que este incremento de las proporciones a medida que se aumenta en el grupo de edad, tanto en español como en la lengua indígena, es similar en casi todas las comunidades, salvo en dos de ellas (Chirikayén y Paraitepuy de Roraima) donde la competencia en pemón es superior al 90% en todos los grupos de edad.

Si se considera la tercera variable de análisis, el género del encuestado, no se encontró ninguna diferencia resaltante en cuanto a la competencia lingüística en los resultados totales. Si bien la proporción de la competencia en pemón es algo mayor entre las mujeres y la de la competencia en español es algo mayor entre los hombres, ambas diferencias son inferiores al 5%.

Sin embargo, si se observan los resultados cruzando el género con la comunidad de origen del encuestado, sí que se encuentran grandes diferencias. Se observa que en aquellas comunidades donde la mayor competencia lingüística general corresponde a lengua indígena (Chirikayén, Maurak, Paraitepuy de Roraima, Santo Domingo de Turacén y Waramasén) la competencia en español es inferior en las mujeres; en estos casos la diferencia es superior al 10%. De las otras comunidades, donde la mayor competencia lingüística corresponde al español, en tres de ellas (Manak-Krü, San Antonio del Morichal y San Ignacio de Yuruaní) la competencia en pemón es mayor entre las mujeres.

Al comparar la competencia lingüística con el nivel de escolaridad se observa que quienes cursan actualmente estudios de primaria poseen una mayor competencia en español. Además, su competencia en pemón es menor que la competencia de aquellas personas que terminaron su escolaridad en ese mismo nivel. Este resultado apunta, igualmente, a una falta de transmisión intergeneracional de la lengua indígena.

Para obtener algún índice sobre el nivel de bilingüismo se cruzaron las respuestas dadas en la pregunta sobre la competencia en la lengua indígena y la pregunta sobre la competencia en español. Según esto, el nivel de bilingüismo de los encuestados es 44,5%, es decir, aquellos que dijeron hablar "bien pemón y bien español".

Al observar los resultados de esta medida de bilingüismo según la comunidad de origen, se encontró que las dos comunidades con mayor proporción de bilingües (Maurak y Waramasén) corresponden al grupo con mayor competencia lingüística en pemón y las dos comunidades con la menor proporción de bilingües (Paraitepuy de Roraima y San Ignacio de Yuruaní) corresponden al grupo con mayor competencia lingüística en español.

Si se observan estos resultados agrupados según los grupos de edad, se encontró que la menor proporción de bilingüismo se encuentra entre los más jóvenes (especialmente en el grupo de menores de 12 años) y las mayores proporciones a partir del grupo que comienza a los 20. Es decir, se observa una clara diferencia entre los jóvenes, en general estudiantes, y aquellos que ya han ingresado al mercado laboral.

Considerando que en el grupo de menores de 12 años se registró la menor competencia en pemón, este resultado de bilingüismo apunta en la misma dirección de una falla en la transmisión intergeneracional de la lengua indígena.

Al cruzar los resultados de bilingüismo según el género del entrevistado no se observó ninguna diferencia en particular.

En cuanto a la lengua de uso en el hogar según la edad del interlocutor, se observó que el uso del pemón es mayor según se avanza en la edad del interlocutor e, inversamente, el uso del español y de ambas lenguas es menor en la misma medida.

Este resultado apunta, igualmente, en la dirección de la falla en la transmisión intergeneracional de la lengua indígena. Se observa que el pemón es menos usado cuando se habla con los jóvenes, lo que, evidentemente, repercute en la competencia lingüística de estos.

Al observar los resultados de la lengua de uso en el hogar según la comunidad, se encontró que en las comunidades donde la mayor competencia lingüística corresponde al español (Manak-Krü, San Antonio del Morichal, San Ignacio de Yuruaní y San José de Wará), el pemón es especialmente poco utilizado con los jóvenes (con niños y con adolescentes). Esto reafirma el desplazamiento del pemón por el español en las nuevas generaciones, en estas comunidades.

Considerando los resultados de la lengua de uso en el hogar según la edad del interlocutor, considerando además los diferentes grupos de edad, se encontró que cuando se habla con los más jóvenes (con niños y con adolescentes) tiende a predominar el uso de ambas lenguas, en todos los grupos de edad, salvo en el de los mayores de 50 años. Al hablar con los mayores (con adultos y con ancianos) predomina claramente el uso del pemón en todos los grupos de edad.

Si se toma en cuenta el género en los resultados de la lengua de uso en el hogar según la edad del interlocutor, hay que señalar que no se observó ninguna diferencia destacable.

En lo que respecta a la lengua de uso según los diferentes dominios, se encontró que en algunos de ellos predomina el uso de la lengua indígena (familia, iglesia y asamblea comunitaria), mientras que en otros predomina el uso del español (tienda y las relaciones con el Estado); además, en un dominio prevalece el uso de ambas lenguas (escuela) y en otro (amigos) se utilizan indistintamente el pemón o las dos lenguas.

Así, el uso de la lengua indígena es más importante en los dominios más íntimos: familia, iglesia y asamblea comunitaria. En los dominios más distantes (tienda y las relaciones con el Estado) prácticamente solo se utiliza el español. Destaca, especialmente, el bajo uso que tiene la lengua pemón en la escuela.

En cuanto a los resultados de la lengua de uso en los diferentes dominios según el género, solo se observan pequeñas diferencias en los dominios familia e iglesia. En el primero, las mujeres utilizan un poco más el español, en detrimento del pemón. En el segundo, los hombres utilizan menos tanto el pemón como el español, en favor del uso conjunto de ambas lenguas.

En lo referente a los medios de comunicación, la gran mayoría de los encuestados posee radio y televisión. Igualmente, una gran mayoría de ellos aprueba ampliamente el uso de las lenguas indígenas en los medios, ya que ven en ello, por un lado, una medida para asegurar el mantenimiento y la expansión de la cultura indígena y, por otro lado, como un aporte positivo hacia el mantenimiento de la competencia lingüística por parte de las nuevas generaciones.

En cuanto a la lengua a transmitir a los niños, la mayoría de los padres aprueban el aprendizaje de ambas lenguas, pemón y español. En este punto en particular, hay que destacar que los hombres tienden más hacia el español, mientras que las mujeres se inclinan más hacia la lengua indígena.

El principal argumento para la transmisión del español es de naturaleza socioeconómica, ya que los estudios y el éxito profesional están vinculados a esta lengua. Además del pemón y del español, los entrevistados también le dan importancia al aprendizaje de otra lengua, a saber, el portugués. La cercanía a Brasil de las regiones en las que se habla pemón abre este mercado laboral potencial, en el que el dominio del portugués brasileño podría ser importante. Igualmente, algunos entrevistados dan relevancia al aprendizaje del inglés.

Respecto a cuál lengua es más importante, la mayoría de los entrevistados respondió que ambas lenguas, el pemón y el español, eran igualmente importantes. Sin embargo, algunas personas le atribuyeron una mayor importancia al español, debido a que este hace posible la comunicación interregional con otros indígenas, además de con la población mayoritaria de habla hispana. El dominio del español ofrece, además, mejores oportunidades de educación. Junto con el español se considera de gran importancia el inglés, mientras que el valor del pemón reside en el hecho de que este representa la lengua de los antepasados y hace parte de la propia identidad y de la cultura indígena.

Como lengua de instrucción se considera importante, en primera línea, el español, ya que los maestros se comunican con los niños en esta lengua. No obstante, se consideran deseables las clases de y en pemón, con el fin de facilitar la comunicación en la comunidad, especialmente, con los mayores.

En lo referente al sentimiento de vergüenza lingüística se registraron pocos casos afirmativos, es decir, en los que la persona afirmaba sentir vergüenza de utilizar la lengua indígena. Casi todos estos casos estaban relacionados con problemas en escuelas y hospitales; además de presentarse un caso particular en la capital del país, donde una persona incluso negó ser indígena. En estas situaciones, el entorno hispanohablante exige el uso del español, por ejemplo, los maestros en la escuela o la comunicación con los médicos en los hospitales que funciona solo en esta lengua, de lo cual resulta una presión compartida en favor del uso del español, completamente en la línea de la facilidad compartida según Terborg.

En cuanto al desarrollo futuro y la vitalidad del pemón, muchos de los hablantes se muestran optimistas respecto a la propia comunidad. Consideran que, a pesar de los conocimientos mínimos de pemón en los niños, hoy en día, contrario a hace 50 años, la lengua indígena no se extinguirá en su comunidad. Sí identifican, por el contrario, este peligro en otras comunidades. En este contexto, sin embargo, se aprecia el deseo por el fomento de la competencia lingüística en maestros y en la enseñanza del pemón en la escuela. El temor de que el pemón se pueda extinguir es mayor en las mujeres que en los hombres.

El conjunto de resultados obtenidos en las nueve comunidades estudiadas nos muestra un panorama en el que, hoy en día, la lengua pemón es ampliamente utilizada por un importante número de personas de diferentes edades pero que, sin embargo, diversos indicadores señalan diversos aspectos que pueden vulnerar la vitalidad de la lengua en el futuro y su desplazamiento por el español.

En primer lugar se encuentra la falla en la transmisión intergeneracional de la lengua indígena. Los resultados muestran que la competencia lingüística en pemón es menor entre los más jóvenes, así como que se tiende a hablar menos con ellos en la lengua indígena.

En segundo lugar, a pesar de que las leyes nacionales obligan al Estado a velar por la preservación de las lenguas indígenas, a promover su difusión y su utilización en diferentes ámbitos y, sobretodo, a su regular utilización en el contexto escolar, los resultados encontrados indican que, al menos en el caso del pemón, el Estado venezolano falla en muchos aspectos de su misión. Por un lado, una abrumadora mayoría de los entrevistados dijeron que utilizan el español en sus relaciones con el Estado. Esto hace pensar que, en este contexto, las personas no encuentran facilidades para la traducción o para ser atendidos en su lengua.

Por otro lado, en el contexto escolar, la falta de una clara normativa legal que regule la utilización de las lenguas indígenas (educación intercultural bilingüe), además de los distintos indicadores obtenidos de la lengua de uso en la escuela y la competencia lingüística de los más jóvenes, hacen pensar que escuela funciona esencialmente en español, quedando la lengua indígena limitada a las interacciones informales entre las personas.

7 Conclusión

En el presente estudio se ha evaluado la vitalidad de la lengua pemón a través de un estudio de campo realizado en nueve comunidades indígenas del pueblo del mismo nombre, en Venezuela.

En general, se encontró que las tres cuartas partes de los encuestados poseían una buena competencia lingüística en español; solo 1,5% no poseía conocimientos en este idioma. En cuanto a la lengua indígena, poco más de las dos terceras partes dijo poseer una buena competencia lingüística, mientras que cerca del 15% carecía de conocimientos en dicha lengua.

Se encontraron diferencias importantes según dos de las variables independientes consideradas. Por un lado, según la comunidad de origen del encuestado, se encontraron comunidades donde la mayor competencia lingüística correspondía a la lengua indígena, mientras que en otras comunidades la mayor competencia lingüística correspondía al español. Por otro lado, al considerar la edad de los encuestados, se encontró que los más jóvenes tenían una menor competencia lingüística en pemón, en comparación con los mayores. Adicionalmente, los jóvenes que cursaban estudios de primaria poseían una menor competencia en pemón que aquella de las personas adultas que habían terminado su escolaridad en ese mismo nivel.

Igualmente, se encontró que las dos comunidades con mayor proporción de bilingües correspondían al grupo con mayor competencia lingüística en pemón, en tanto que las dos comunidades con la menor proporción de bilingües correspondían al grupo con mayor competencia lingüística en español. En general, la menor proporción de bilingüismo se registró entre los más jóvenes.

Al considerar la lengua de uso en el hogar según la edad del interlocutor, se observó que el uso del pemón era mayor según se avanzaba en la edad del interlocutor. En aquellas comunidades donde la mayor competencia lingüística correspondía al español, el pemón era especialmente poco utilizado con los jóvenes.

Con respecto a los dominios, el uso de la lengua indígena fue superior en los dominios más íntimos (familia, iglesia y asamblea comunitaria). En la escuela, se registró un uso limitado del pemón.

El conjunto de resultados conduce a pensar que existe una falla de transmisión intergeneracional de la lengua indígena, lo que la lleva a ser desplazada por el español. De allí la gran importancia de una adecuada planificación lingüística que tome en cuenta las diferencias particulares de cada comunidad y que se oriente a mejorar la competencia lingüística de los más jóvenes, realizando un trabajo conjunto con la escuela y la comunidad en general.

Para profundizar estos resultados sería deseable ampliar la presente investigación realizando trabajos de campo en un mayor número de comunidades, con el objetivo de obtener un panorama más específico en cuanto a la vitalidad de la lengua pemón. Igualmente, sería de gran importancia ahondar en la exploración de las actitudes hacia la lengua por parte de sus hablantes. Esto permitiría la obtención de informaciones imprescindibles para mejor enfocar una posible planificación lingüística, centrada en los intereses y necesidades de la comunidad.

Anexo. Cuestionario

Entrevistado	Hoja No.

Nombre (s)
Apellido paterno
Apellido materno
Dirección
Fecha   Lugar

1) Hablante

Nombre (s)	
Apellido paterno	
Apellido materno	
Relación con el entrevistado	

2) (opcional)

Edad:	Fecha de nacimiento:

3a)

LENGUA	SÍ	POCO	SÓLO ENTIENDE	NO
Pemón				
Español				

3b) Cuando está en casa ¿cómo habla con? (sólo en caso de hablar las dos lenguas)

Grupo de edad	Lengua indígena	Ambas	Español
Los **niños** (hasta 12 años)			
Los **adolescentes** (de 13 a 18 años)			
Los **adultos** (de 19 a 60 años)			
Los **ancianos** (desde los 61 años)			

3c) ¿Cómo habla con ... (sólo en caso de hablar las dos lenguas)

Dominio	Lengua indígena	Ambas	Español
Familia			
Los amigos (amigas)			
En la tienda			
Escuela			
Iglesia			
Asamblea comunitaria			
Gobierno			

4) Escolaridad y formación

4a) ¿En qué año está inscrito? (Niños y jóvenes)

1º grado	2º grado	3º grado	4º grado	5º grado	6º grado	1º año	2º año	3º año	4º año	5º año

4b) ¿Qué año ha terminado? (Jóvenes y adultos)

1º grado	2º grado	3º grado	4º grado	5º grado	6º grado	1º año	2º año	3º año	4º año	5º año

4c) ¿Sabe leer y escribir? (Jóvenes y adultos)

	Sí	Poco	Casi no	No
Pemón				
Español				

4d) Formación técnica o profesional terminada

....

5) Medios de comunicación

	SI	NO
¿Tiene radio?		
¿Tiene televisión?		
¿Ha escuchado alguna vez un programa de radio en pemón?		
¿Ha visto alguna vez un programa de televisión en pemón?		

¿Le gustaría que los medios de comunicación utilizarán la lengua pemón?

....

6) Actitudes

a) ¿Qué lengua considera que debe enseñarse a los niños? (Español, Pemón, ambos)

....

b) ¿Cree que el pemón es de igual importancia que el español?

....

c) ¿Cree que el pemón debe enseñarse en la escuela?

....

d) ¿Alguna vez ha tenido pena de hablar pemón? ¿con quién o en dónde?

....

e) ¿Cree que el pemón pueda desaparecer algún día? ¿por qué?

....

f) ¿Qué dicen los otros del pemón?

....

7) Migración

¿Ha ido a trabajar a otros lugares?	SI	NO

¿Dónde?

....

¿Pocas veces?   ¿Muchas veces?

¿Con amigos?   ¿Con familiares?

Índice de figuras

Figura 1:   Mapa de Venezuela indicando la localización del pueblo pemón 40
Figura 2:   Clasificación de la lengua pemón según Kaufman (1994) 48
Figura 3:   Clasificación de la lengua pemón según Gildea (2012) 49
Figura 4:   Zona pemón. Localización de dialectos 50

Índice de tablas

Tabla 1:   Lenguas indígenas de Venezuela: familia arawak 26
Tabla 2:   Lenguas indígenas de Venezuela: familia caribe 27
Tabla 3:   Lenguas indígenas de Venezuela: familias chibcha, guajibo y
            sáliba-piaroa 28
Tabla 4:   Lenguas indígenas de Venezuela: familias tupí-guaraní y
            yanomami 29
Tabla 5:   Lenguas indígenas de Venezuela: Lenguas aisladas y no
            clasificadas 30
Tabla 6:   Grupos de edad. Comparación 45
Tabla 7:   Nivel educativo. Comparación 46
Tabla 8:   Nivel educativo (mayores de 5 años). Comparación 47
Tabla 9:   Frecuencia por género y grupos de edad 61
Tabla 10:   Frecuencia por género y grupos de edad según la
            comunidad: Chirikayén, Manak-Krü y Maurak 62
Tabla 11:   Frecuencia por género y grupos de edad según la
            comunidad: Paraitepuy de Roraima, San Antonio del
            Morichal y San Ignacio de Yuruaní 62
Tabla 12:   Frecuencia por género y grupos de edad según la
            comunidad: Santo Domingo de Turacén, San José de Wará y
            Waramasén 63
Tabla 13:   Escolaridad en curso y escolaridad completada. Frecuencia
            y porcentaje del total 63
Tabla 14:   Sabe leer y escribir. Frecuencia y porcentaje del total 64
Tabla 15:   Medios de comunicación 65
Tabla 16:   Competencia lingüística en pemón 66
Tabla 17:   Competencia lingüística en español 67
Tabla 18:   Competencia lingüística por escolaridad en curso 83
Tabla 19:   Competencia lingüística por escolaridad completada 83

Índice de gráficos

Gráfico 1:   Población indígena y su porcentaje sobre el total de
             población de Venezuela. Censos del 1873 al 2011 23
Gráfico 2:   Competencia lingüística 66
Gráfico 3:   Competencia lingüística por comunidad 68
Gráfico 4:   Competencia lingüística por grupos de edad 69
Gráfico 5:   Competencia lingüística: Chirikayén (edad) 69
Gráfico 6:   Competencia lingüística: Manak-Krü (edad) 70
Gráfico 7:   Competencia lingüística: Maurak (edad) 71
Gráfico 8:   Competencia lingüística: Paraitepuy (edad) 71
Gráfico 9:   Competencia lingüística: San Antonio (edad) 72
Gráfico 10: Competencia lingüística: San Ignacio (edad) 73
Gráfico 11: Competencia lingüística: Turacén (edad) 74
Gráfico 12: Competencia lingüística: Wará (edad) 74
Gráfico 13: Competencia lingüística: Waramasén (edad) 75
Gráfico 14: Competencia lingüística por género 76
Gráfico 15: Competencia lingüística: Chirikayén (género) 77
Gráfico 16: Competencia lingüística: Manak-Krü (género) 77
Gráfico 17: Competencia lingüística: Maurak (género) 78
Gráfico 18: Competencia lingüística: Paraitepuy (género) 78
Gráfico 19: Competencia lingüística: San Antonio (género) 79
Gráfico 20: Competencia lingüística: San Ignacio (género) 80
Gráfico 21: Competencia lingüística: Turacén (género) 80
Gráfico 22: Competencia lingüística: Wará (género) 81
Gráfico 23: Competencia lingüística: Waramasén (género) 82
Gráfico 24: Competencia lingüística por escolaridad en curso 84
Gráfico 25: Competencia lingüística por escolaridad completada 85
Gráfico 26: Bilingüismo 86
Gráfico 27: Bilingüismo por comunidad 88
Gráfico 28: Bilingüismo por grupos de edad 89
Gráfico 29: Bilingüismo por género 90
Gráfico 30: Lengua de uso en el hogar 90
Gráfico 31: Lengua de uso en el hogar: Chirikayén 91
Gráfico 32: Lengua de uso en el hogar: Manak-Krü 92
Gráfico 33: Lengua de uso en el hogar: Maurak 93
Gráfico 34: Lengua de uso en el hogar: Paraitepuy 93
Gráfico 35: Lengua de uso en el hogar: San Antonio 94

Gráfico 36: Lengua de uso en el hogar: San Ignacio 95
Gráfico 37: Lengua de uso en el hogar: Turacén 95
Gráfico 38: Lengua de uso en el hogar: Wará 96
Gráfico 39: Lengua de uso en el hogar: Waramasén 97
Gráfico 40: Lengua de uso en el hogar: con niños 98
Gráfico 41: Lengua de uso en el hogar: con adolescentes 98
Gráfico 42: Lengua de uso en el hogar: con adultos 99
Gráfico 43: Lengua de uso en el hogar: con ancianos 100
Gráfico 44: Lengua de uso en el hogar: femenino 101
Gráfico 45: Lengua de uso en el hogar: masculino 101
Gráfico 46: Lengua de uso según dominios 102
Gráfico 47: Lengua de uso según dominios: Chirikayén 103
Gráfico 48: Lengua de uso según dominios: Manak-Krü 103
Gráfico 49: Lengua de uso según dominios: Maurak 104
Gráfico 50: Lengua de uso según dominios: Paraitepuy de Roraima 105
Gráfico 51: Lengua de uso según dominios: San Antonio del Morichal 105
Gráfico 52: Lengua de uso según dominios: San Ignacio de Yuruaní 106
Gráfico 53: Lengua de uso según dominios: Santo Domingo de Turacén ... 107
Gráfico 54: Lengua de uso según dominios: San José de Wará 107
Gráfico 55: Lengua de uso según dominios: Waramasén 108
Gráfico 56: Lengua de uso según dominio: familia 109
Gráfico 57: Lengua de uso según dominio: amigos 109
Gráfico 58: Lengua de uso según dominio: tienda 110
Gráfico 59: Lengua de uso según dominio: escuela 110
Gráfico 60: Lengua de uso según dominio: iglesia 111
Gráfico 61: Lengua de uso según dominio: asamblea comunitaria 111
Gráfico 62: Lengua de uso según dominio: Estado 112
Gráfico 63: Lengua de uso según dominios: género femenino 113
Gráfico 64: Lengua de uso según dominios: género masculino 113

Bibliografía

Adelaar, Willem F. H. (2010): América del Sur. En: Christopher Moseley (ed.): Atlas de las lenguas del mundo en peligro de desaparición. 3ª ed. Paris: UNESCO (Colección memoria de los pueblos), pág. 86–94.

Allais, María Luisa (1994): Censo indígena de Venezuela 1992. Metodología y resultados. En: CELADE (ed.): Estudios sociodemográficos de pueblos indígenas. Santiago de Chile: Centro Latinoamericano de Demografía, pág. 77–90.

Álvarez, José (2000): Construcciones progresivas en pemón y otras lenguas caribes. En: *Opción: Revista de Ciencias Humanas y Sociales* (32), pág. 96–130.

Álvarez, José (2008): Cláusulas relativas, nominalización y constituyentes en Pemón (Caribe). En: *Opción: Revista de Ciencias Humanas y Sociales* (57), pág. 114–143.

Andrello, Geraldo (2013): Taurepang. Enciclopédia dos Povos Indígenas no Brasil - Instituto Socioambiental. Disponible en línea en http://pib.socioambiental. org/es/povo/taurepang/print, Última comprobación el 01/07/2013.

Armellada, Cesáreo de (1943): Gramática y diccionario de la lengua pemón (arekuna, taurepán, kamarakoto; familia caribe). Caracas: Artes Gráficas.

Armellada, Cesáreo de; Gutiérrez Salazar, Mariano (1981): Diccionario pemón: pemón-castellano, castellano-pemón. Caracas: Corpoven/Universidad Católica Andrés Bello.

Armellada, Cesáreo de; Olza, Jesús (1999): Gramática de la lengua pemón (morfosintaxis). Caracas: Vicariato Apostólico del Caroní/Universidad Católica Andrés Bello/Universidad Católica del Táchira.

Asamblea Nacional Constituyente (1999): Constitución de la República Bolivariana de Venezuela. En: *Gaceta Oficial N° 36.860*.

Asamblea Nacional de la República Bolivariana de Venezuela (2001): Ley de Demarcación y Garantía del Hábitat y Tierras de los Pueblos Indígenas. En: *Gaceta Oficial N° 37.118*, pág. 316.891–316.902.

Asamblea Nacional de la República Bolivariana de Venezuela (2005): Ley Orgánica de Pueblos y Comunidades Indígenas. En: *Gaceta Oficial N° 38.344*, pág. 343.651–343.666.

Asamblea Nacional de la República Bolivariana de Venezuela (2008): Ley de Idiomas Indígenas. En: *Gaceta Oficial N° 38.981*, pág. 362.855–362.860.

Asamblea Nacional de la República Bolivariana de Venezuela (2009): Ley Orgánica de Educación. En: *Gaceta Oficial N° 5929E*, pág. 1–8.

Benavides, Basilio (2000): Pemón. En: Esteban Emilio Mosonyi y Jorge Carlos Mosonyi (eds.): Manual de las lenguas indígenas de Venezuela. Caracas: Fundación Bigott, pág. 493–543.

Bernard, H. Russell (1992): Preserving Language Diversity. En: *Human Organization* 51 (1), pág. 82–89.

Bilbao, Bibiana A.; Leal, Alejandra V.; Méndez, Carlos L. (2010): Indigenous Use of Fire and Forest Loss in Canaima National Park, Venezuela. Assessment of and Tools for Alternative Strategies of Fire Management in Pemón Indigenous Lands. En: *Human Ecology* 38 (5), pág. 663–673.

Biord Castillo, Horacio (2010): Indigenismo. En: Manuel Rodríguez Campos (ed.): Diccionario de historia de Venezuela, t. 2. 2a ed., corregida y aumentada. Caracas: Fundación Polar, pág. 772–774.

Bourhis, Richard Y. (2008a): Notes on the demolinguistic vitality of the English-speaking communities of Quebec. En: *Canadian Issues* (Summer), pág. 29–35.

Bourhis, Richard Y. (2008b): The vitality of the English-speaking communities of Quebec. From community decline to revival. Montréal, Québec: Centre d'études ethniques des universités montréalaises (Université de Montréal).

Bourhis, Richard Y.; El-Geledi, S.; Sachdev, I. (2007): Language, ethnicity and intergroup relations. En: Ann Weatherall, Bernadette M. Watson y Cynthia Gallois (eds.): Language discourse and social psychology. London: Palgrave Macmillan.

Bulkan, Janette (2009): Guyana. En: Inge Sichra (ed.): Atlas sociolingüístico de pueblos indígenas en América Latina. Cochabamba, Bolivia: UNICEF - FUN-PROEIB Andes, pág. 409–420.

Calvet, Louis-Jean (1987): La guerre des langues et les politiques linguistiques. Paris: Hachette.

Clark, Herbert H. (1996): Using language. Cambridge: Cambridge University Press.

Crevels, Mily (2012): Language endangerment in South America: The clock is ticking. En: Lyle Campbell y Verónica María Grondona (eds.): The indigenous languages of South America. A comprehensive guide. Berlin, Boston: Mouton de Gruyter (The world of linguistics, 2), pág. 167–233.

Crystal, David (2000): Language death. Cambridge: Cambridge University Press.

Dorian, Nancy C. (1982): Defining the Speech Community to Incude ist Working Margins. En: Suzanne Romaine (ed.): Sociolinguistic variation in speech communities. London: Edward Arnold, pág. 35–48.

Dorian, Nancy C. (1994): Purism vs. compromise in language revitalization and language revival. En: *Language in Society* 23 (4), pág. 479–494.

Eberhard, David M.; Simons, Gary F.; Fennig, Charles D. (2019): Ethnologue: Languages of the World. Twenty-second edition. edit. por SIL International. Dallas, Texas. Disponible en línea en http://www.ethnologue.com Consultado el 17-09-2019.

Edwards, John (1985): Language, society and identity. Oxford: Blackwell.

Edwards, John R. (2011): Challenges in the social life of language. Basingstoke: Palgrave Macmillan.

Fairclough, Norman (1989): Language and power. London: Longman.

Fairclough, Norman (1995): Critical discourse analysis. London: Longman.

Fishman, Joshua A. (1991): Reversing language shift. Theoretical and empirical foundations of assistance to threatened languages. Clevedon: Multilingual Matters.

Gal, Susan (1979): Language shift. Social determinants of linguistic change in bilingual Austria. London: Academic Press.

García, Ofelia (2009): Bilingual education in the 21st century. A global perspective. Malden, Hoboken: Blackwell/John Wiley & Sons.

García Ferrer, Donaldo José (2009): La Jerarquía de términos de colores básicos en pemón y yukpa, lenguas caribes de Venezuela. En: *Única: Revista de Artes y Humanidades* 10 (3), pág. 15–38.

Geertz, Clifford (1987): Dichte Beschreibung. Beiträge zum Verstehen kultureller Systeme. Frankfurt am Main: Suhrkamp.

Gildea, Spike (2012): Linguistic studies in the Cariban family. En: Lyle Campbell y Verónica Maria Grondona (eds.): The indigenous languages of South America. A comprehensive guide. Berlin, Boston: Mouton de Gruyter (The world of linguistics, 2), pág. 441–494.

Giles, Howard (1977): Language, ethnicity and intergroup relations. London: Academic Press.

Grenoble, Lenore A.; Whaley, L. J. (1998): Endangered languages. Language loss and community response. Cambridge: Cambridge University Press.

Gutiérrez Salazar, Mariano (1977): Los Pemón, su hábitat, su cultura. En: *Montalbán* 6, pág. 495–550.

Gutiérrez Salazar, Mariano (2012): Gramática didáctica de la lengua pemón. Caracas: Orden de Hermanos Menores Capuchinos/Universidad Católica Andrés Bello.

Hagège, Claude (2000): Halte à la mort des langues. Paris: Odile Jacob.

Haugen, E. (1985): The Language of Imperialism: Unity or Pluralism. En: Nessa Wolfson y Joan Manes (eds.): Language of inequality. Berlin: Mouton, pág. 65–82.

Hill, J. (1983): Language Death in Uto-Aztecan. En: *International Journal of American Linguistics* 49, pág. 258–276.

Hill, Jane H.; Hill, Kenneth C. (1999): Hablando mexicano. La dinámica de una lengua sincrética en el centro de México. México, DF: Ediciones de la Casa Chata.

Hymes, Dell (1972): Toward ethnographies of communication. En: Pier Paolo Giglioli (ed.): Language and social context. Selected readings. Harmondsworth: Penguin, pág. 21–44.

INE (2010): Síntesis estadística estadal 2001: Bolívar. Instituto Nacional de Estadística. Caracas. Disponible en línea en http://www.ine.gov.ve/documentos/see/sintesisestadistica2011/estados/Bolivar/index.htm.

INE (2013a): Primeros Resultados de Población Indígena. Instituto Nacional de Estadística. Disponible en línea en http://www.ine.gov.ve/index.php?option=com_content&view=category&id=95&Itemid=9#.

INE (2013b): Resultados población indígena. XIV censo de población y vivienda 2011. Instituto Nacional de Estadística. Caracas. Disponible en línea en http://www.ine.gov.ve/documentos/Demografia/CensodePoblacionyVivienda/pdf/ResultadosBasicos.pdf.

INE (2013c): XIV Censo Nacional de Población y Vivienda, 2011. Procesado con Redatam+SP, CEPAL/CELADE 2003-2013. Instituto Nacional de Estadística. Caracas.

INE (2015): Censo Nacional de Población y Vivienda 2011. Empadronamiento de la población indígena. Instituto Nacional de Estadística. Caracas. Disponible en línea en http://www.ine.gov.ve/index.php?option=com_content&view=article&id=771:boletincenso-nacional-de-poblacion-y-vivienda-2011-empadronamiento-de-la-poblacion-indigena&catid=149:demograficos#.

Kaplan, Robert B.; Baldauf, Richard B. (1997): Language Planning From Practice to Theory (Language Planning). Clevedon, Philadelphia: Multilingual Matters.

Kaufman, Terrence (1994): The native languages of Latin America. En: Christopher Moseley y Ronald E. Asher (eds.): Atlas of the world's languages. London: Routledge (Routledge reference), pág. 46–76.

Kloss, H. (1966): German American language maintenance efforts. En: Joshua Aaron Fishman y Einar Haugen (eds.): Language loyalty in the United States. The Hague: Mouton.

Knab, T. (1980): Vida y muerte del náhuatl. En: *Anales de antropología* 16, pág. 345–370.

Koch-Grünberg, Theodor (1917): Vom Roroima zum Orinoco: Ergebnisse einer Reise in Nordbrasilien und Venezuela in den Jahren 1911-1913. Bd. 1: Schilderung der Reise. Berlin: Reimer.

Koch-Grünberg, Theodor (1923a): Vom Roroima zum Orinoco: Ergebnisse einer Reise in Nordbrasilien und Venezuela in den Jahren 1911-1913. Bd. 3: Ethnographie. Stuttgart: Strecker und Schröder.

Koch-Grünberg, Theodor (1923b): Vom Roroima zum Orinoco: Ergebnisse einer Reise in Nordbrasilien und Venezuela in den Jahren 1911-1913. Bd. 5: Typen-Atlas. Stuttgart: Strecker und Schröder.

Koch-Grünberg, Theodor (1924): Vom Roroima zum Orinoco: Ergebnisse einer Reise in Nordbrasilien und Venezuela in den Jahren 1911-1913. Bd. 2: Mythen und Legenden der Taulipang und Arekuna-Indianer. Stuttgart: Strecker und Schröder.

Koch-Grünberg, Theodor (1928): Vom Roroima zum Orinoco: Ergebnisse einer Reise in Nordbrasilien und Venezuela in den Jahren 1911-1913. Bd. 4: Sprachen. Stuttgart: Strecker und Schröder.

Koch-Grünberg, Theodor (1979-1982): Del Roraíma al Orinoco. Tomos I, II y III. Caracas: Banco Central de Venezuela.

Koch-Grünberg, Theodor; Schmidt, Hermann (1962): Aus dem Leben der Taulipang in Guayana - Filmdokumente aus dem Jahre 1911. Göttingen: IWF. Disponible en línea en https://av.tib.eu/media/9045.

Kuhn, Julia; Matos, Rafael Eduardo (2014): Estudio de la vitalidad de la lengua pemón en Venezuela: las comunidades de Maurak y Manak-Krü. En: Bohdan Ulašin (ed.): ¿Quo vadis, romanística? literatura, didáctica, lingüística, traductología. Bratislava: Univerzita Komenského v Bratislavi; Ministerio de educación, cultura y deporte, pág. 131–140.

Kuhn, Julia; Matos, Rafael Eduardo (2016): Estudio de la vitalidad de la lengua indígena pemón, en el sureste de Venezuela: el caso de la comunidad de Santo Domingo de Turacén. En: Wolfgang Dahmen, Günter Holtus y Wolfgang Schweickard (eds.): Romanische Kleinsprachen heute. Romanistisches Kolloquium XXVII. Tübingen: Narr Francke Attempto, pág. 307–318.

Kuhn, Julia; Matos, Rafael Eduardo (2017): Estudio de la vitalidad de la lengua pemón en Venezuela. Las comunidades de San Antonio del Morichal y Waramasén. En: Marta Negro Romero, Rosario Álvarez y Eduardo Moscoso Mato (eds.): Gallaecia. Estudos de lingüística portuguesa e galega. Santiago de Compostela: Universidade de Santiago de Compostela, pág. 733–745.

Lyons, John (ed.) (1970): New horizons in linguistics. Harmondsworth: Penguin Books.

Mackey, W. F. (2001): The ecology of language shift. En: Alwin Fill y Peter Mühlhäusler (eds.): The ecolinguistics reader. Language, ecology and environment. London: Continuum.

Maffi, Luisa (2007): Biocultural Diversity and Sustainability. En: Jules Pretty, Andrews S. Ball, Ted Benton, Julia S. Guivant, David R. Lee, David Orr et al. (eds.): The SAGE Handbook of Environment and Society. Los Angeles, London, New Delhi: Sage, pág. 267–277.

Maffi, Luisa; Woodley, Ellen (2010): Biocultural diversity conservation. A global sourcebook. London, Washington D.C.: Earthscan.

McConnell, Grant D. (1991): A macro-sociolinguistic analysis of language vitality. Geolinguistic profiles and scenarios of language contact in India. Sainte-Foy: Les presses de l'université Laval.

Moseley, Christopher (ed.) (2010): Atlas de las lenguas del mundo en peligro de desaparición. 3ª ed. Paris: UNESCO (Colección memoria de los pueblos). Disponible en línea en http://www.unesco.org/culture/en/endangeredlanguages/atlas.

Mosonyi, Jorge C. (2007): Estado actual de las investigaciones en las lenguas indígenas de Venezuela. En: Boletín de Lingüística 19, pág. 133–148.

Mühlhäusler, Peter (1996): Linguistic ecology. Language change and linguistic imperialism in the Pacific region. London: Routledge.

Ramírez, María Isabel (2015): Enseñanza de las lenguas indígenas como L1 o L2 en Venezuela. En: Boletín de Lingüística XXVII (43-44), pág. 132–144.

Rico Lemus, Gabriel Hidalgo (2010): Mantenimiento y resistencia de la lengua p'urhépecha en Santa Fe de la Laguna, Michoacán. Tesis de Maestría. Universidad Nacional Autónoma de México, México, DF.

Rico Lemus, Gabriel Hidalgo (2011): Resistencia y mantenimiento de la lengua p'urhépecha en Santa Fe de la Laguna, Michoacán. En: Roland Terborg y Laura García Landa (eds.): Muerte y vitalidad de lenguas indígenas y las presiones sobre sus hablantes. México, DF: Univ. Nacional Autónoma de México, pág. 119–152.

Rico Lemus, Gabriel Hidalgo (2015): Dinámicas de desplazamiento y resistencia lingüística en la región P'urhépecha del Lago de Pátzcuaro, Michoacán. Tesis de Doctorado. Universidad Nacional Autónoma de México, México, DF.

Rodríguez, Iokiñe (2004): Conocimiento indígena vs científico: el conflicto por el uso del fuego en el Parque Nacional Canaima, Venezuela. En: Interciencia 29 (3), pág. 121–129.

Rodríguez, Iokiñe (2007): Pemon Perspectives of Fire Management in Canaima National Park, Southeastern Venezuela. En: Human Ecology 35 (3), pág. 331–343.

Rodríguez, Iokiñe; Sletto, Bjorn; Leal, Alejandra; Bilbao, Bibiana; Sánchez-Rose, Isabelle (2016): A propósito del fuego: diálogo de saberes y justicia cognitiva en territorios indígenas culturalmente frágiles. En: Trilogía. Ciencia, Tecnología y Sociedad 8 (15), pág. 97–118.

Rojas López, José Jesús; Tovar Z., Frank (2011): Lectura etnogeográfica del territorio Pemon-Taurepan en la frontera sureste de la Guayana Venezolana. En: *Revista Venezolana de Ciencia Política* (39), pág. 113–134.

Romaine, Suzanne (1989): Bilingualism. Oxford: Blackwell.

Romaine, Suzanne (1994): Language in society. An introduction to sociolinguistics. Oxford: Oxford University Press.

Romero Figueroa, Andrés (2000): Morfología verbal del pemón: (Pemon Verb Morphology). En: Bruno Staib (ed.): Linguistica romanica et indiana. Festschrift für Wolf Dietrich zum 60. Geburtstag. Tübingen: Narr, pág. 551–564.

Rostain, Stephen (2003): Cinq petits tapirs: les Guyanes amérindiennes d'avant 1499. En: *Cahiers des Amériques latines*, 43, pág. 19–38.

Schiffrin, Deborah (1994): Approaches to discourse. Oxford: Blackwell.

Sercombe, P. (2002): Language maintenance and shift: A review of theoretical and regional issues with special reference to Borneo. En: Maya Khemlani David (ed.): Methodological and analytical issues in language maintenance and language shift studies. Frankfurt am Main: Lang (46), pág. 1–19.

Silverman, David (1993): Interpreting qualitative data. Methods for analysing talk, text and interaction. London: Sage.

Sima Lozano, Eyder Gabriel (2012): Actitudes hacia la lengua maya de un sector de población de la Ciudad de Mérida. Tesis de Doctorado. Universidad Nacional Autónoma de México, México, DF.

Spolsky, Bernard (2004): Language policy. Cambridge: Cambridge University Press.

Terborg, Roland (2004): El desplazamiento del otomí en una comunidad del municipio Toluca. Tesis de Doctorado. Universidad Nacional Autónoma de México, México, DF.

Terborg, Roland (2006): La "ecología de presiones" en el desplazamiento de las lenguas indígenas por el español. Presentación de un modelo. En: *Forum Qualitative Sozialforschung/Forum: Qualitative Social Research* 7, 2006 (4). Disponible en línea en http://www.qualitative-research.net/index.php/fqs/article/view/167.

Terborg, Roland (2011): La situación del otomí de San Cristóbal Huichochitlán del Estado de México. En: Roland Terborg y Laura García Landa (eds.): Muerte y vitalidad de lenguas indígenas y las presiones sobre sus hablantes. México, DF: Univ. Nacional Autónoma de México, pág. 197–220.

Terborg, Roland; García Landa, Laura (eds.) (2011): Muerte y vitalidad de lenguas indígenas y las presiones sobre sus hablantes. México, DF: Univ. Nacional Autónoma de México.

Thomas, David J. (1983): Los Pemón. En: Roberto Lizarralde y Haydée Seijas (eds.): Los Aborígenes de Venezuela. Caracas: Fundación La Salle de Ciencias naturales- Instituto Caribe de Antropología y Sociología (Monografía/Fundación La Salle, 29), pág. 303–379.

Torre Arranz, Jesús A. de la (2013): Historia de Santa Elena de Uairén y hábitat de la Gran Sabana. Caracas: Orden de Hermanos Menores Capuchinos/Universidad Católica Andrés Bello.

Trujillo Tamez, Isela (2007): El mantenimiento-desplazamiento de una lengua indígena el caso de la lengua mixe de Oaxaca, México. Tesis de Maestría. Universidad Nacional Autónoma de México, México, DF.

Trujillo Tamez, Isela (2011a): La vitalidad de la lengua mixe de San Juan Bosco Chuxnaban. En: Roland Terborg y Laura García Landa (eds.): Muerte y vitalidad de lenguas indígenas y las presiones sobre sus hablantes. México, DF: Univ. Nacional Autónoma de México, pág. 63–88.

Trujillo Tamez, Isela (2011b): Situación sociolingüística del mixe en San Lucas Camotlán. En: Roland Terborg y Laura García Landa (eds.): Muerte y vitalidad de lenguas indígenas y las presiones sobre sus hablantes. México, DF: Univ. Nacional Autónoma de México, pág. 89–118.

Trujillo Tamez, Isela (2012): La vitalidad lingüística de la lengua ayuk o mixe en tres comunidades Tamazulapam del Espíritu Santo, San Lucas Camotlán y San Juan Guichicovi. Tesis de Doctorado. Universidad Nacional Autónoma de México, México, DF.

UNESCO (2003): Vitalidad y peligro de desaparición de las lenguas. Grupo especial de expertos sobre las lenguas en peligro convocado por la UNESCO. Disponible en línea en http://unesdoc.unesco.org/images/0018/001836/183699S.pdf.

Van Dijk, Teun Adrianus (1999): Ideología. Una aproximación multidisciplinaria. Barcelona: Gedisa.

Velázquez Vilchis, Virna (2008): Actitudes lingüísticas y usos del matlazinca y el atzinca desplazamiento de dos lenguas en el Estado de México. Tesis de Doctorado. Universidad Nacional Autónoma de México, México, DF.

Velázquez Vilchis, Virna (2011): El desplazamiento del Matlazinca en el Estado de México. En: Roland Terborg y Laura García Landa (eds.): Muerte y vitalidad de lenguas indígenas y las presiones sobre sus hablantes. México, DF: Univ. Nacional Autónoma de México, pág. 241–258.

Weinreich, Uriel (1953): Languages in contact. New York, N.Y.: Linguistic Circle of New York Publication (Publications of the linguistic circle of New York).

Wurn, S. A. (2000): Muerte y desaparición de la lengua: causas y circunstancias. En: R. H. Robins, Eugenius M. Uhlenbeck, Beatriz Garza Cuarón y Isabel

Vericat (eds.): Lenguas en peligro. México: Instituto Nacional de Antropología e Historia, pág. 29–50.

Zajícová, Lenka (2017): Lenguas indígenas en la legislación de los países hispanoamericanos. En: *Onomázein (Onomázein Revista de lingüística filología y traducción)*, N° especial, pág. 171–203.

Zent, Stanford (2001): Acculturation and ethnobotanical knowledge loss among the Piaroa of Venezuela: Demonstration of a quantitative method for the empirical study of TEK change. En: Luisa Maffi (ed.): On biocultural diversity. Linking language, knowledge, and the environment. Washington D.C.: Smithsonian Institution Press, pág. 190–211.

Zimmermann, Klaus (1992): Sprachkontakt, ethnische Identität und Identitätsbeschädigung. Frankfurt am Main: Vervuert.

Zimmermann, Klaus (1999): Política del lenguaje y planificación para los pueblos amerindios. Ensayos de ecología lingüística. Frankfurt am Main: Vervuert.